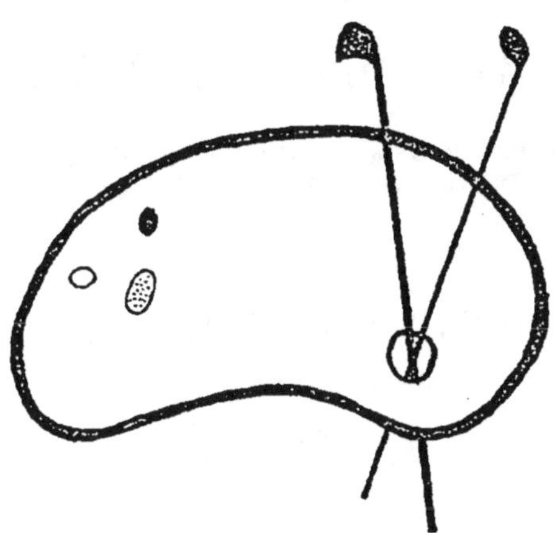

DEBUT D'UNE SERIE DE DOCUMENTS
EN COULEUR

INTRODUCTION
DE LA MÉTHODE
DES
SALLES D'ASILE
DANS L'ENSEIGNEMENT PRIMAIRE

CONFÉRENCES FAITES AUX INSTITUTEURS RÉUNIS A LA SORBONNE
A L'OCCASION DE L'EXPOSITION UNIVERSELLE DE 1867

PAR

Mᴹᴱ MARIE PAPE-CARPANTIER

DEUXIÈME ÉDITION

PARIS
LIBRAIRIE C. DELAGRAVE
15, RUE SOUFFLOT, 15

MATÉRIEL SPÉCIAL
DE
Mᴹᴱ PAPE-CARPANTIER

ÉDUCATION DES SENS

Notice sur l'Éducation des sens et quelques instruments pédagogiques,
brochure in-12.. » **30**

INSTRUMENTS PÉDAGOGIQUES

Porte-couleurs mobiles. Permettant de séparer les couleurs, de les
mêler pour les faire ensuite reconnaître; nommer et replacer dans l'ordre
physique; et composer à volonté le blanc, l'orange et le violet; — pour servir
aux exercices sur le sens de la vue.
Nᵒ 1 modèle à col de cygne. **20** » Nᵒ 2 modèle à mouvement libre. **10** »

Polyphone. Collection de jouets en matières sonores, classés suivant leur
mode de vibration; — pour servir aux leçons de choses sur les sons, sur les
instruments et aux exercices sur le sens de l'ouïe................. **50** »

DÉMONSTRATIONS ARITHMÉTIQUES ET MÉTRIQUES

Composition et analyse d'un mètre carré au moyen de décimètres
carrés joints par nombres variés de 2 à 10........................ **20** »

Compteur décimétrique. Construction et analyse du décimètre cube par
additions et soustractions de nombres variés de 1 à 200. Exercices de l'œil
et de la main, conduisant à reconnaître les longueurs en centimètres. **48** »

Contrôleur métrique horizontal pour exercer l'œil et la main à déterminer les longueurs au juger.................................. **18** »

Contrôleur métrique vertical pour exercer l'œil et la main à déterminer
les hauteurs au juger... **18** »

EXÉCUTION DES TRACÉS GÉOMÉTRIQUES
GÉNÉRATEUR MÉCANIQUE DES FORMES PLANES
MONTRANT

**par quel point les différentes figures géométriques se ressemblent, par quel
point elles diffèrent et comment elles se transforment.**

Polygonaire, permettant aux enfants d'exécuter tous les triangles, qua-
drilatères, polygones, jusqu'au décagone, en montrant le rapport de ces figures
avec le cercle.. **7** »

Polygonaire, petit modèle permettant d'exécuter les mêmes figures jusqu'à l'octogone seulement, et pas de cercle..................... **3** »

PROGRESSION DES FORMES SOLIDES
A TRAVERS LES TROIS RÈGNES DE LA NATURE
[SECTIONS CONIQUES ET GRANDES COURBES]

Compas à ellipses pour exécuter rapidement des ellipses de différentes
grandeurs et de diamètres variant de 0ᵐ,10 à 0ᵐ,36.............. **4** »

Vérificateur géométrique vertical, pour exercer les élèves à tracer au
juger des angles d'une ouverture donnée, des lignes, des polygones et pour
faire tous les dessins à main levée............................. **42** »

Vérificateur à cadre tournant, mêmes usages................. **30** »

Vérificateur géométrique horizontal, mêmes usages, mais sans pied,
et se posant à plat sur la table.............................. **15** »

MÉCANIQUE

Aiguilles horaires à principe visible, pour faciliter la lecture des
heures sur un cadran, par la démonstration simplifiée du mécanisme qui
produit l'inégalité de vitesse dans la marche des aiguilles.......... **10** »

Tours. — Imp. Rouillé-Ladevèze, rue Chaude, 6.

INTRODUCTION
DE LA MÉTHODE
DES
SALLES D'ASILE
DANS L'ENSEIGNEMENT PRIMAIRE

CONFÉRENCES FAITES AUX INSTITUTEURS RÉUNIS A LA SORBONNE
A L'OCCASION DE L'EXPOSITION UNIVERSELLE DE 1867

PAR

Mme MARIE PAPE-CARPANTIER

DEUXIÈME ÉDITION

PARIS
LIBRAIRIE C. DELAGRÂVE
15, RUE SOUFFLOT, 15

1879

—

MATÉRIEL DES CLASSES

Boite des leçons de choses contenant, classés dans un ordre méthodique, des échantillons à l'état brut et à l'état travaillé de différentes matières que l'homme emploie pour la satisfaction de ses premiers besoins: alimentation, vêtement, habition. Prix...... **25** »

Lampadorama, nouvelle lanterne magique pour l'enseignement par l'aspect.

— *Petit modèle :* **25** et **35** francs.

— *Grand modèle :* **30** et **40** francs.

Cet appareil projette avec un agrandissement considérable et avec leurs couleurs propres, *toutes les images* et même les objets *opaques* qu'on lui présente. Il remplace donc avec avantage, pour les leçons de choses, la lanterne magique qui exige des images peintes sur verre et, par conséquent couteuses et fragiles.

Imagerie des connaissances utiles, par M. ADRIEN LINDEN, publiée par feuilles séparées, format couronne (36 sur 46) contenant chacune neuf dessins coloriés, dont un sujet principal avec légendes explicatives donnant une idée première des choses usuelles.

Le cent de feuilles. . . . . **10** »

La collection comprendra au moins 50 feuilles. Sont en vente: 1° le Blé; 2° le Papier; 3° le Bœuf; 4° la Houille; 5° le Fer; 6° les Défenseurs de l'agriculture; 7° le Verre; 8° le Bois.

Petite Bibliothèque des connaissances utiles, causeries enfantines et récréatives, par *le même*. Publiée par brochures de 16 pages, format in-8°, avec couvertures et gravures coloriées, intercalées dans le texte. La brochure. . . . . . » **30**

La collection comprendra au moins 50 brochures. Sont en vente: 1° le Blé; 2° le Papier; le Bœuf; 4° la Houille; 5° le Fer; 6° les Défenseurs de l'agriculture; 7° le Verre; 8° le Bois.

TABLEAUX ZOOLOGIQUES

Collection de 15 sujets, pour l'enseignement des petits enfants, représentant:

Chien. — Chat. — Lièvre. — Cheval. — Vache. — Chèvre. — Brebis. — Corbeau avec son nid. — Poule et Coq. — Cigogne. — Oie. — Grenouille et Serpent. — Brochet et Carpe. — Hanneton et Papillon. — Araignée et Écrevisse.

Grandeur et exécution de ces gravures exactement pareilles à celles des tableaux zoologiques.

Prix de chaque sujet. . . . . **2** »

Vous m'envoyez un livre qui vous résume. Vous avez condensé dans une œuvre de votre esprit le travail entier de votre vie. Ce noble travail contribuera encore à la conduite meilleure, plus sûre et plus habile, des générations nouvelles.

Remplacer les vieilles notions par les notions actuelles, donner aux actions des motifs puisés, non dans les contes et les suppositions, mais dans la connaissance exacte de la nature et de la réalité, faire germer dans les âmes la foi en Dieu, non par des chimères et des mensonges, mais par la contemplation réfléchie de son œuvre immense, voilà le but que vous vous êtes proposé, but considérable, digne de votre noble intelligence et de votre cœur profond. Je vous renouvelle, Madame, tous mes remercîments pour l'envoi de ce livre excellent. J'espère que votre exemple sera suivi, et que d'autres œuvres, sur le modèle de la vôtre viendront remplacer dans nos écoles le mauvais enseignement par le bon, et l'imposture par la vérité.

Veuillez, Madame, agréer mes respects.

Victor Hugo.

PRÉFACE.

Depuis quelques années, la méthode des salles d'asile tend à s'introduire dans tous les établissements d'instruction primaire. Directeurs et directrices d'écoles et de pensionnats, aussi bien que maîtres des classes préparatoires dans les lycées et collèges, commencent à se rendre compte de l'insuffisance des anciens procédés ; à en sentir la fausseté et le vide, et à en souffrir visiblement. La plupart comprennent aujourd'hui que'leurs intérêts, comme l'intérêt de leurs élèves, est d'améliorer leur enseignement. Mais la bonne volonté ne suffit pas. Il faut le moyen, le *comment*, et cela leur manque. Ils le sentent. Ce qui le prouve, c'est que notre *Cours pratique des salles d'asile* ne peut satisfaire aux demandes de maîtresses qui lui sont adressées par les chefs d'institutions *des deux sexes*.

C'est pourquoi j'ai pensé que les conférences faites sur cet important sujet, d'après la volonté expresse et spontanée de S. Exc. M. le Ministre de l'Instruction publique, pourraient être d'un utile secours.

Les maîtres et maîtresses ne sauraient trop se pénétrer des principes d'éducation émis dans ces conférences, et qui ont excité, chez MM. les Instituteurs qui y assistaient, une sympathie dont je ne saurais trop leur exprimer ici ma joie et ma reconnaissance.

Les témoignages de cette sympathie (on pourra s'en assurer en lisant), n'ont été provoqués par aucun artifice, aucune habileté de langage, aussi étrangère au sujet qu'à mes propres moyens.

Mais la vérité a sur les esprits sincères un empire irrésistible; c'est pourquoi plus on appliquera les principes de la méthode des salles d'asile, qui est la *méthode naturelle*, plus on se convaincra qu'ils sont vrais, faciles et féconds. Plus on s'assurera que l'introduction de la méthode naturelle est le seul moyen de rénovation de l'enseignement; le seul remède à de grands maux avoués ou cachés; et l'allégement désirable et désiré des élèves et des maîtres.

MARIE PAPE-CARPANTIER.

Paris, 25 avril 1868.

TABLE

INTRODUCTION

DE LA

MÉTHODE DES SALLES D'ASILE

DANS L'ENSEIGNEMENT PRIMAIRE

PREMIÈRE CONFÉRENCE [1]

Séance du mercredi 21 août.

Messieurs,

Si la réflexion avait le pouvoir de gouverner les battements du cœur, le mien serait très calme en ce moment. D'abord parce que c'est un devoir que je viens accomplir, ensuite parce que je connais, depuis longues années, les choses dont je vais avoir l'honneur de vous entretenir.

Quelle que soit la bienveillance de M. le Ministre de l'Instruction publique à mon égard, j'ose dire, et cela est à sa gloire, que l'honneur qu'il m'a fait en me désignant pour vous adresser quelques conseils, n'est point le résultat d'une faveur personnelle. M. le Ministre a

---

1. Première série d'instituteurs. Son Excellence M. le Ministre de l'Instruction publique assiste à cette séance d'ouverture ainsi que M. Ch. Robert, secrétaire général du ministère, et M. Mourier, vice-recteur de l'Académie.

trop de lumières, il a trop la passion du bien public, pour mettre les choses au service des personnes. Non. Il cherche les personnes en vue des choses, et s'il a bien voulu me choisir, c'est qu'il a pensé, probablement, que pour vous parler de salles d'asile, d'une institution de petits enfants, étrangère aux hommes de politique et de science une femme, une mère, une doyenne des salles d'asile, trouverait auprès de vous le crédit que donnent la pratique et l'expérience.

Je prie Dieu de m'aider à remplir comme je le voudrais les intentions de M. le Ministre. Et vous-mêmes, messieurs, veuillez m'aider par vos sentiments de bonne confraternité, car, pour vous, je suis une collègue.

L'introduction de la méthode des salles d'asile dans les écoles primaires n'est point une pensée nouvelle ou irréfléchie. Elle date de très longtemps. Qui peut dire l'âge des bonnes pensées? On la trouve en germe dans l'Ordonnance royale de 1837, qui assimilait l'asile à l'école par les examens, l'inspection, les récompenses et la discipline. On en suit la trace dans les circulaires de M. de Salvandy, sous l'inspiration duquel cette ordonnance avait été rendue, et qui appelait la salle d'asile le *vestibule de l'école primaire*. On la retrouve dans plusieurs autres pièces officielles, dans des lettres particulières, dans des articles de journaux. Cette pensée n'est donc point une témérité; c'est une idée mûrie par le temps, et que M. le Ministre actuel aura eu l'immense mérite de réaliser, prouvant une fois de plus, à son grand honneur, cette pensée trop souvent perdue de vue :

« Bien dire et bien penser ne sont rien sans bien faire. »

Qu'est-ce donc que la méthode des salles d'asile, et en quoi celle des écoles a-t-elle mérité de se voir supplanter par sa sœur cadette?

Sur ce dernier point, vous savez aussi bien et mieux que moi, de quel mal souffrent vos écoles. Vous savez quelles longues classes! quels livres arides! quel *théorisme!* quel ennui !

Mon appréciation à cet égard ne pourrait aller plus loin que celle de M. le Ministre lui-même, exprimée courageusement dans une récente et importante lettre à MM. les recteurs. Et d'ailleurs, vos fatigues à la fin de l'année scolaire ; les peines physiques et morales que chaque jour vous coûte, disent, plus que tout le reste, que la majorité des élèves résistent à vos efforts, et s'attirent le reproche, peut-être mal choisi, d'être paresseux et indisciplinés.

Et parmi ceux qui ne résistent pas, ceux dont le caractère docile, la mémoire complaisante, se prêtent à des enseignements factices, combien s'en trouve-t-il qui, parvenus à l'âge de seize ou dix-huit ans, ont oublié les leçons mortes qu'ils avaient apprises?

On dirait vraiment, à voir de telles choses, qu'il y a un mur d'airain entre le maître et l'intelligence des écoliers et que les leçons que celui-ci s'efforce d'y appliquer, d'y juxtaposer, ne pouvant y enfoncer de racines, s'en détachent bientôt, comme un enduit superficiel se détache, après quelques jours, des murs qu'il n'a point cimentés.

Et plus tard, quand ces enfants sont entrés dans la vie, et que des difficultés s'élèvent autour d'eux, que des perplexités les assiégent, qu'ils cherchent dans leur mémoire un conseil, une solution, inhabitués qu'ils sont à les chercher dans leur jugement, n'y trouvant aucune lumière laissée par l'enseignement théorique qu'on leur a donné, il trébuchent et succombent.

Ah! messieurs, que de chutes seraient évitées si les pauvres enfants étaient, dès l'école, mis en présence moins des livres et plus des choses! Eh bien, c'est justement cette vue de l'avenir, ce sens pratique de la vie, qui fait le fond et l'esprit de la méthode des salles d'asile.

Mais, pourquoi cet esprit s'est-il manifesté dans

l'asile, qui date d'hier, plutòt que dans l'école, qui remonte, non-seulement à 1833, mais au delà même de
Charlemagne?

Cela s'explique très bien.

Les enfants des écoles sont presque de petits hommes.
(Ils savent tant de choses, qu'ils devraient pour une
partie ignorer!) On crut pouvoir leur parler comme à
des hommes. De cette erreur première résulta dans
l'enseignement une fausse direction, à laquellë on vou-
drait aujourd'hui remédier.

Dans la salle d'asile se trouva réunie une tout autre
population, et il fallut bien changer de manière. Allez
donc faire écrire des pages, et apprendre par cœur des
livres entiers, à de petits enfants de deux et trois ans
qui ne sont pas encore bien solides sur leurs jambes!

Ils répéteraient les mots non-seulement sans les comprendre (ils auraient cela de commun avec la plupart
des écoliers), mais encore tout de travers.

Comment faire alors pour apprendre quelque chose
à ces quasi-nourrissons? C'était bien simple, et il n'y
avait là nul secret d'alchimie. On se contenta d'imiter
les mères, qui, après avoir pourvu à tous les besoins de
leurs enfants, parviennent, sans le secours d'aucun *devoir*, mais par de gaies et gentilles causeries sur tout
ce qui les intéresse, à leur enseigner, au jour le jour et
suivant l'occasion, une foule de bonnes et utiles choses.

J'ai dit, *après avoir d'abord pourvu à leurs besoins.*
C'est qu'en effet, les mères aiment leurs enfants, et
veulent qu'avant d'être savants, ils soient heureux.
Heureux! quel mot! et peut-il être réalisé? Oui. Pour
les enfants surtout. Les enfants sont si peu ambitieux!
Qu'est-ce donc que le bonheur? Est-ce le jeu? le luxe?
les plaisirs dispendieux? Mais non. Le bonheur c'est,
dans un milieu de paix et d'affection, l'exercice normal
de nos facultés, et la satisfaction de nos besoins légi-
times; c'est-à-dire justement ce qui devrait se trouver
dans tous les établissements scolaires.

Les besoins des enfants concernant le boire, le manger et le vêtement, ne sont point à votre charge. Ceux-là regardent les parents, et vous n'y pouvez contribuer que par des conseils éclairés et discrets. Mais le besoin d'air pur, le besoin de mouvement qu'éprouvent impérieusement vos élèves, vous incombent au même titre que leur besoin intellectuel de connaître, et leur besoin moral d'être aimés et d'aimer.

Que l'air, la lumière, la gaieté, circulent donc à grands flots dans vos classes ! Ce sont là des influences bienfaisantes, indispensables à la santé, dont vous partagerez d'ailleurs, le bienfait avec eux, et dont la privation vous ferait souffrir comme eux, sinon autant.

Quand je dis la gaieté, je n'entends pas que vous deviez faire rire vos élèves. Les enfants sont plus gais que nous ! Et quand nous les aimons, ce sont eux qui nous égayent, effacent nos soucis et dissipent nos tristesses. Mais je veux dire qu'il faut rendre notre autorité aimable, nos leçons désirables, et savoir gouverner nos enfants sans les contrister.

Il faut le reconnaître, le besoin qu'ils éprouvent de se mouvoir continuellement, cette turbulence, ce tourbillonnement d'une fourmilière de petits êtres bruyants que rien ne lasse, voilà le supplice des hommes faits, et la fatigue des récréations après la fatigue des classes. Oh ! je sais ce que vous éprouvez alors, et j'y compatis du fond de mon âme. Pourtant, ce bruit, ce mouvement ont leur raison d'être. Ils sont d'une nécessité absolue pour le développement de tout ce qui est vivant et jeune. Ils prennent leur source dans le besoin musculaire des enfants, dont les forces, soumises à une loi générale, ne peuvent s'accroître qu'en s'exerçant. Il ne dépend pas de nos élèves de rester tranquilles et muets, de rester *sages*, comme on le dit avec une irréflexion ou une ignorance dont je m'étonne. Sage ! celui qui ne crie, qui ne rit, ni ne remue ? Mais s'il se trouve jamais un tel enfant parmi vos élèves, messieurs, enterrez-le, c'est un enfant mort !

Quant à ce bruit sourd et sans nom d'auteur, ce mouvement intempestif et insaisissable qui se produisent indûment pendant les classes, et qui sont parfois irritants jusqu'à la colère!..., soyez sûrs, et d'ailleurs vous l'avez déjà expérimenté, que ni la colère, ni les punitions, ni les raisonnements, ni les promesses n'y peuvent rien. Les coups même, les coups resteraient inutiles ! Les enfants, voulussent-ils sincèrement vous obéir, n'y parviendraient que pendant un court moment, et les bruits et les murmures et l'agitation reprendraient bientôt leur cours, comme un ruisseau qui surmonte tous les obstacles.

Vous n'avez que deux moyens pour mettre fin à ce fléau, mais ces deux moyens sont infaillibles : le premier, c'est de couper vos classes, ordinairement trop longues, par des marches, des chants et quelques minutes d'exercice libre au grand air. — Le second, c'est de rendre vos leçons plus vivantes, plus pratiques; d'en faire des *leçons de choses*. En un mot, selon le vœu de M. le Ministre, d'introduire dans votre enseignement la méthode des salles d'asile, la méthode naturelle, physiologique, la MÉTHODE enfin, car il n'y a qu'une méthode, comme il n'y a qu'une vérité ! Toutes les inventions qui ne procèdent pas de la méthode maternelle: toutes celles qui ne sont pas calquées sur la nature, seul type offert par le Créateur à notre sagacité, ne méritent point le nom de méthodes. Ce ne sont que des procédés de fantaisie, des systèmes, de l'arbitraire !

C'était la méthode naturelle que suivaient Socrate et Platon, 400 ans avant Jésus-Christ. Et dans notre siècle, Pestalozzi, Fröbel, le P. Girard, et une foule de bons esprits qui, de plus ou moins près, marchent comme nous dans la même voie. Socrate ! ! Avais-je raison de dire que l'idée adoptée par M. le Ministre a été mûrie par le temps ?

Et par cela seul que cette méthode est naturelle.

elle est, entre toutes, la plus féconde, la plus facile à comprendre, la plus aisée à pratiquer. N'est-ce pas, en effet, le propre de tous les mouvements justes, d'être plus faciles que les mouvements faux? Les uns donnent de la grâce au corps et le fortifient; les autres sont disgracieux et brisent les membres.

La méthode naturelle n'exige des maîtres qu'une application sincère de l'esprit à l'observation des faits journaliers.

Elle part de ce principe évident, que l'enfant ne prend connaissance de ce qui l'entoure qu'au moyen de ses sens. Que les sens sont les portes, les fenêtres, les ouvertures par lesquelles les notions du monde visible pénètrent dans son cerveau, pour fournir à son esprit la substance de ses idées.

Elle s'applique donc d'abord, à exercer les sens; à en cultiver les aptitudes respectives ; à en surveiller l'action régulière, afin qu'ils puissent recevoir d'une manière exacte les impressions du dehors, et les transmettre sans erreurs à l'intelligence intérieure, à la reine captive, qui devra s'en nourrir... ou s'en empoisonner !

Enfin, elle enveloppe ses divers enseignements intellectuels, moraux, et même religieux, sous cette forme aimable et familière qui a reçu le nom de leçon de choses.

On a cité quelquefois les *leçons par l'aspect* des Allemands : mais l'aspect, l'apparence, rien n'est plus trompeur. C'est l'apparence qui a fait croire si longtemps que le soleil tournait autour de la terre. La *leçon de choses* enseigne par les réalités mêmes; et de chaque réalité elle fait sortir une connaissance utile, un bon sentiment ou une bonne idée.

Ne vous imaginez pas que cette forme de leçon, pour être intime et sans prétention, n'ait pas ses règles et ses principes. Elle en a, au contraire, de très-fixes et qui sont tout à fait indépendants de la fantaisie des maîtres. Sans cela mériterait-elle d'être appelée *méthode*? Ses principes et ses règles sont ceux-mêmes des opérations de l'entendement humain, car les enfants ne sont pas autres que de petits hommes. Et la méthode suit dans ses démonstrations la même marche que l'esprit dans ses perceptions.

Ce que le petit enfant perçoit tout d'abord dans les objets, c'est la couleur. Il la perçoit par l'effet d'une simple et passive sensation produite sur son œil sans aucun concours de sa part, et, on peut le dire, à la manière des animaux.

Puis il remarque la forme : c'est le travail du souvenir et de la comparaison qui commence.

Puis, la réflexion de l'enfant se développant peu à peu, il cherche à deviner l'usage de l'objet soumis à son étude. Le petit philosophe veut déjà trouver la raison des choses !...

Puis le sens scientifique s'éveille, et il veut connaître la matière dont l'objet est formé.

Puis, cette âme naïve s'élevant à son insu, remonte à la provenance, à la cause première. C'est là que le maître vigilant attend son élève, pour éveiller en lui le plus fécond des sentiments, le sentiment religieux !

Je ne m'arrêterai point à justifier par des raisonnements philosophiques cette marche des perceptions de l'enfant. Je ne réclame point de vous non plus une croyance aveugle. Ceci est du domaine des choses expérimentales, et il ne tient qu'à vous de les expérimenter.

Seulement, pour que la démonstration soit concluante, il faudrait, ou la commencer dès les premiers jours de l'enfant, ce qui n'est facile qu'aux mères, ou la faire au moyen d'un objet complétement inconnu des enfants, afin que les connaissances déjà acquises par eux ne vinssent pas se substituer à leur impression actuelle, et tromper votre observation.

Ainsi pourrait faire, je crois, M. Bourgeois, cet ho-

norable instituteur des Vosges, qui, pour ses quarante-
six années de bons services, vient de recevoir la croix
d'honneur. (J'aime à prendre cet exemple parce qu'il
peut vous intéresser tous, messieurs, dans le présent
ou dans l'avenir !...) M. Bourgeois, dis-je, revenu
chez lui, et entouré de ses écoliers, petits pasteurs
pour la plupart, et n'ayant jamais rien vu de semblable, pourra leur faire entrevoir rapidement la petite
boîte rouge qui renferme le précieux bijou, en leur
demandant :

« Qu'est-ce que cela ? »

Ils s'écrieront tous à la fois :

« C'est du rouge ! »

Voilà la *couleur*.

Qu'alors M. Bourgeois pose la boîte, et ils remarque-
ront qu'elle est longue, ou ronde, ou carrée. Voilà la
forme.

Qu'il la laisse à leur discrétion ; discrétion n'est
peut-être pas le mot en cette circonstance. car leur
plus grande envie sera d'ouvrir la boîte pour voir ce
qu'il y a dedans, c'est-à-dire en connaître l'*usage*.

La boîte ouverte, ils liront sur la croix cette inscrip-
tion : *Honneur et patrie*, et comme je présume de
vous que ces nobles mots ne sont restés étrangers à
aucun enfant de vos écoles, il sera facile de les satisfaire sur l'usage de la croix d'honneur.

En quoi c'est-il fait? demanderont-ils ensuite. Et
M. Bourgeois leur apprendra ce que sont l'argent et
l'émail dont la croix de chevalier se compose.

« Qui vous a donné cela ? » demanderont-ils enfin,
complétant sans préméditation, et à leur insu, l'enchaî-
nement normal de leurs perceptions, tel que je vous
l'indiquais tout à l'heure : couleur, forme, usage,
matière, provenance.

Je n'ai pas besoin d'ajouter qu'une grande leçon de
moralité, d'honneur, de dévouement au devoir, devra
clore et sanctionner cette opportune leçon de choses.

Mais ce n'est pas seulement sur des sujets nobles et élevés que la leçon de choses peut être faite. Une fleur, un épi de blé, une feuille de papier en fournissent la matière.

Du reste, cette manière d'enseigner nos élèves, qui sont les enfants du peuple, a été préconisée au dix-septième siècle par un précepteur de princes, Claude Fleury, qui dit dans son Traité des études :

« Comme les premiers objets dont les enfants sont frappés sont le dedans d'une maison, ses diverses parties, les domestiques et les services différents, les meubles et les ustensiles de ménage, il n'y a qu'à suivre leur curiosité naturelle pour leur apprendre agréablement l'usage de toutes ces choses et leur faire entendre, autant qu'ils en sont capables, les raisons solides qui les ont fait inventer, leur faisant voir les incommodités dont elles sont les remèdes. On les accoutumerait ainsi à admirer la bonté de Dieu dans toutes les choses qu'il nous fournit pour nos besoins, l'industrie qu'il a donnée aux hommes pour s'en servir ; à sentir le bonheur d'être nés dans un pays bien cultivé et dans une nation instruite et polie ; à prendre des idées nobles de toutes ces choses que la mauvaise éducation et la vanité de nos mœurs nous font mépriser, et à ne point tant dédaigner une cuisine, une basse-cour, un marché, comme font la plupart des gens élevés délicatement. Enfin, on les accoutumerait à faire des réflexions sur tout ce qui se présente, qui est le principe de toutes les études. Car on se trompe fort quand on s'imagine qu'il faut aller chercher bien loin de quoi instruire les enfants. Ils ne vivront ni en l'air ni parmi les astres, moins encore parmi les espaces imaginaires ; ils vivront sur la terre, dans ce bas monde, tel qu'il est au jour présent.

« Il faut donc qu'ils connaissent la terre qu'ils habitent, le pain qu'ils mangent, les animaux qui les servent, et surtout les hommes avec qui ils doivent vivre et avoir affaire.

« A mesure que l'âge avancerait, on leur en dirait davantage, et on ferait en sorte de les instruire passablement des arts qui regardent la commodité de la vie, leur faisant voir travailler et leur expliquant chaque chose avec grand soin. On leur ferait donc voir, ou dans la maison ou ailleurs, comment on fait le pain, la toile, les étoffes ; ils verraient travailler les tailleurs, les tapissiers, les menuisiers, les charpentiers, les maçons et tous les ouvriers qui servent aux bâtiments. Il faudrait faire en sorte qu'ils fussent assez instruits de tous ces arts pour entendre le langage des ouvriers et pour n'être pas aisés à tromper. Cette étude serait un grand divertissement pour eux; et comme les enfants veulent tout imiter, ils ne manqueraient pas de se faire des jeux de tous ces arts en s'efforçant de les imiter. Il ne faudrait ni s'y opposer durement, ni s'en moquer, mais les aider doucement, leur montrant ce qu'il y aurait de chimérique dans leurs entreprises, et ce qui serait faisable. Ce serait une occasion de leur apprendre beaucoup de mécanique, et ils auraient le plaisir de réussir en quelque chose; plaisir très grand à cet âge. Il serait bon aussi de leur apprendre le prix commun des ouvrages qu'ils pourront commander et des choses qu'ils pourraient acheter suivant leur condition, et même de celles qu'ils feront acheter par d'autres. Car, encore que ces prix changent très souvent, celui qui les a sus une fois ne sera pas si incertain; principalement si on l'a bien averti des raisons qui rendent certaines denrées si chères en comparaison des autres, et des causes les plus ordinaires de ces changements de prix. Je voudrais aussi qu'un jeune homme sût de bonne heure, ou par son expérience, ou par un récit exact, ce qui est nécessaire pour les voyages.

« Voilà ce que j'appelle l'*économique*. On voit bien que je ne prétends pas que l'on en fasse une étude en forme, ni qu'on l'apprenne dans des livres. Elle s'apprendrait par la conversation et par la pratique, et serait moins de la fonction d'un précepteur que du soin d'un bon père ou d'un tuteur affectionné. Toutefois les autres études l'aideraient, et *elle les aiderait...* »

Et ce programme si sage, fait en vue des classes élevées qui, sans doute, n'ont pas encore eu... le temps !... de le réaliser pour le très-grand bien-être et profit de leurs riches enfants, ce programme, ébauché en Angleterre, en France, en Espagne, en Allemagne, a été complétement appliqué dans une ville d'Italie pour les plus pauvres enfants du peuple.

Voici ce que raconte M. de Cormenin de ce qu'il a vu à Florence, en 1847, dans un magnifique établissement fondé par le prince Demidoff, et dirigé de haut par le marquis Torregiani.

C'est le cas de dire :

« Qui aura de beaux chevaux si ce n'est le roi ? »

... « De véritables tableaux appendus dans la salle de l'école primaire instruisent les jeunes enfants qui sortent de l'asile, et ils y reçoivent des leçons de dessin, de coupe de pierres et de simple architecture. D'autres ateliers d'imprimerie, de cordonnerie, de soierie et différents états professionnels sont ouverts dans la maison aux enfants provenus de l'asile qui manifestent leur goût pour l'un d'eux. On les a pris presque en naissant, et, par une prévoyance ingénieuse on complète là leur apprentissage. Rien n'est négligé pour qu'ils ne prennent des êtres, des choses, des arts que des idées nettes et exactes, et successivement, sans trouble ni confusion de mémoire. Ainsi, l'on place sous leurs yeux, à mesure qu'ils peuvent les comprendre, les objets des trois règnes de la nature, le végétal, le minéral, l'animal. On tient ces divers objets dans des armoires séparées ; chaque armoire a son casier. On y voit des épis de blé, d'orge, de froment, des herbages, des légumes, des fruits. On les nomme devant eux, on les leur montre, on les décrit. Ils s'accoutument à les distinguer, à les reconnaître, à les dénommer eux-mêmes et tout de suite. Pareillement, des échantillons de pierres, de terres, de plâtres, de marbres, de soufre, de métaux d'or, de cuivre, de plomb, d'argent, de bitumes, y sont classés dans un ordre méthodique. On les leur fait toucher, on en dit l'origine, on en explique brièvement la transformation, et l'application aux divers usages de la vie.

« Il en est de même des animaux empaillés et représentés aux enfants, tels que la nature les a faits, moins la vie. Ils savent leurs noms, leurs mœurs, leurs instincts, leur manière d'être, leurs qualités, leurs dangers.

« Aux enfants de l'école primaire, on découvre l'anatomie de l'homme intérieur, la composition des corps, le jeu des organes, leur place, leurs fonctions, leur économie. On fait assister l'homme devant eux, étude sérieuse et qui les force à méditer. Les leçons de mécanique complètent leur enseignement. On fait jouer à leurs yeux les rouages des machines. On leur décrit le mécanisme des montres, des moulins, des bateaux à vapeur, des locomotives, des métiers à filer, à tisser, à fabriquer les draps, les toiles, les étoffes. Cela s'enseigne comme par récréation, sans efforts et sans contrainte.

« Je crois que l'on ferait bien d'exciter les municipalités, chacune selon ses ressources, à se procurer de pareilles collections des trois règnes de la nature.

« Il n'y a pas d'écoles assez étroites pour qu'on n'y puisse pas placer une ou deux armoires qui renfermeraient ces objets-là, et rien ne serait plus intéressant, ni plus solidement instructif pour les enfants de la ville et de la campagne [1]. »

Mais qui donc fait la valeur des leçons de choses? A quoi tient qu'elles sont si réputées, si hautement recommandées, et qu'elles sont en effet si profitables?

Ah! messieurs, cela tient à une grande loi, terriblement méconnue, qui ne veut pas qu'il y ait de *patient* en éducation ; qui veut que l'élève y soit un agent actif, aussi actif que le maître; qu'il soit son collaborateur intelligent dans les leçons qu'il en reçoit, et que, selon l'expression du catéchisme, *il coopère à la grâce !*

Ce qui fait la valeur des leçons de choses, ce qui les rend aimables et efficaces, c'est qu'elles sont conformes à cette loi. C'est qu'elles font appel aux forces personnelles de l'enfant ; qu'elles mettent en jeu, en mouvement, ses facultés physiques et intellectuelles. Qu'elles satisfont à son besoin naturel de penser, de parler, de se mouvoir et de changer d'objet. C'est qu'elles parviennent à son esprit par l'intermédiaire de ses sens; qu'elles se servent de ce qu'il sait, de ce qu'il aime, pour l'intéresser à ce qu'il ne sait pas ou n'aime pas encore. Parce qu'elles sont pour lui, en un mot, le *concret* et non l'*abstrait.*

Aussi voyez le succès de tous les procédés d'enseignement fondés sur cette base ! de ces procédés qu'on appelle, improprement, je crois, méthodes ; une méthode devant présenter un ensemble, et les enseignements dont je parle n'étant que des procédés de détail, ce qui ne les empêche pas d'être quelquefois excellents.

1. *Des salles d'asile en Italie,* par M. de Cormenin.

Au premier rang pour l'enseignement de la lecture se place le procédé phonomimique de M. Grosselin. Ce procédé, inventé spécialement en vue des sourds-muets, à l'instruction desquels il parait satisfaire, m'a beaucoup plus frappée par l'attrait qu'il inspire et les rapides résultats qu'il obtient chez les enfants ordinaires. J'ai voulu m'en expliquer la cause, et comme j'étais déjà sur la voie, je l'ai facilement trouvée.

La faculté essentielle à l'aide de laquelle on apprend à lire, c'est la mémoire. Mais la forme de chaque lettre, et l'action réciproque des lettres entre elles, résultant d'une simple convention, sans qu'aucune raison les fasse distinguer forcément les unes des autres, elles se confondent longtemps dans l'esprit des enfants, et ce n'est qu'au moyen de l'habitude, c'est-à-dire d'une longue répétition des mêmes choses (et qui dit long dit ennuyeux), que les enfants finissent par savoir lire. A la rigueur, l'habitude pourrait dispenser de toute méthode. Elle suffit pour faire parler les perroquets et les pies, elle peut suffire pour faire lire les petits enfants! Alors croisons-nous les bras, abdiquons, et laissons couler l'eau! Triste conseil, que ni vous ni moi n'avons le désir de suivre. Il nous faut au contraire profiter du temps. La vie est si courte pour tout le bien qu'on a à faire! Le procédé phonomimique abrège la durée de l'étude. Il remplace la monotonie de l'habitude par l'activité intellectuelle : il s'accompagne de mouvements corporels favorables à la santé, et substitue, à la discipline de la contrainte, la discipline du plaisir.

Au lieu de s'adresser directement à la mémoire, faculté essentiellement passive, il n'y arrive qu'à l'aide de ce qu'il y a de plus actif chez l'enfant : l'esprit et le corps. D'abord il présente la lecture comme représentation des mots *parlés* et non des mots écrits : distinction aussi fondée qu'avantageuse. Il montre à l'enfant non des lettres isolées comme dans l'écriture, mais des sons et des articulations comme dans la parole. Et il fait analyser ainsi, par exemple, le mot *chapeau* : ch. a-p. eau, et non c. h. a. p. e. a. u. Il est facile de voir d'un regard que la multiplicité des éléments de la seconde analyse présente beaucoup plus de difficultés qu'il n'y en a dans la première.

Ensuite, à chaque son ou articulation, il joint une idée qui s'y rapporte, et qui, déjà possédée par l'enfant, devient en quelque sorte le clou solide auquel s'accrochera, non moins solidement, le souvenir du son ou de l'articulation, ainsi que la forme des lettres qui les représentent.

En outre, il fait reproduire extérieurement cette idée par un geste imitatif; et voilà la lecture *ancrée* dans la mémoire de l'élève par le triple souvenir de l'œil, de l'idée et du geste, c'est-à-dire par le concours de toutes ses facultés actives.

On peut dire alors que l'intelligence de l'enfant est comme une maison dans laquelle, voulant faire pénétrer la lumière, on a ouvert trois fenêtres au lieu d'une.

Il ne tient qu'à vous de voir l'application de cet excellent procédé, à l'ébauche d'école maternelle établie à l'Exposition universelle, pavillon Coignet ; — à la salle d'asile communale de la rue Berthollet, dirigée par Mlles Gaudon et Marye ; — et enfin à l'asile annexe du cours pratique, 10, rue des Ursulines, où M. le Ministre, si accueillant pour tout progrès réel, en a autorisé l'application.

Si la lecture, malgré ses difficultés, se place avec raison à la tête des enseignements scolaires, c'est comme instrument indispensable des autres branches d'études. Il me semble, en effet, que l'ordre d'introduction, et l'importance donnée à toutes les matières de l'éducation, doivent être déterminés par leur utilité pratique. A ce titre, tout ce qui peut développer la justesse de l'œil et l'habileté des doigts s'impose à l'instituteur en même temps que la lecture ; c'est pourquoi les petits exercices géométriques inventés par Fröbel ne sauraient être trop recommandés.

La géométrie ! grand mot, haute science, bien effrayante à aborder quand on en regarde les sommets ; pleine d'intérêt et de charme quand l'accès en est sagement ménagé aux premiers efforts de notre intelligence. Frobel, philosophe comme tout digne Allemand, et poussant parfois jusqu'aux nuages, a cependant construit autour de cette science un chemin facile, plein de fraîches fleurs, de jeux naïfs, de saine gaieté, que les enfants parcourent en riant, et dans lequel ils ne tardent pas à courir plus vite que leurs maîtres. Avec les petits solides géométriques du fondateur des *jardins d'enfants*, ceux-ci construisent sans peine des maisons, des meubles, de solides enclos, de larges murailles. Ils s'appliquent à ce qu'ils font, et leur application est sérieuse ; leur plaisir est de l'intérêt, leur amusement est une leçon profitable.

Je ne puis tout vous dire. Tout !... Cela dépasserait mes forces, l'heure, et votre patience.

Je terminerai donc en laissant à votre intelligence la plus grande tâche à accomplir, celle d'étendre les principes émis devant vous, non seulement aux détails que j'ai abordés, mais à tout le reste.

Vous devez vous attendre à quelques difficultés au début. On ne sort point de ses habitudes sans un peu d'effort. Tout s'achète en ce monde. Mais ayez confiance ! Le *mieux* renferme dans son sein des facilités inattendues, parce que le mieux est la direction que Dieu indique à l'humanité. Essayez donc. Vous vous tromperez peut-être. Vous vous tromperez même certainement. Qu'importe ! vous vous reprendrez. Il n'y a que ceux qui ne font rien qui ne se trompent pas, si toutefois rester oisif n'est pas la pire des erreurs. Persévérez donc dans l'amélioration de vos enseignements. Point de préventions, de parti-pris. Cherchez de bonne foi. Ingéniez-vous. Mettez-y du vôtre. Votre intérêt, votre propre bonheur sont étroitement liés à ceux de vos élèves. Leur affection durable, la reconnaissance des familles, l'estime de l'administration, la sérénité de votre esprit et de votre conscience, tout s'unira pour vous affirmer, pour vous prouver la vérité de cette pensée :

Travailler pour nos enfants, c'est travailler pour nous-mêmes.

DEUXIÈME CONFÉRENCE

Séance du mercredi 28 août.

Messieurs,

Son Exc. M. le Ministre de l'Instruction publique, qui nous a fait l'honneur d'assister à ma première conférence, m'a adressé un reproche très-agréable à recevoir, peut-être même le plus agréable que puisse entendre une personne qui a parlé : il a trouvé que je n'en avais pas assez dit.

« Pour être conséquente avec vous-même, m'a dit M. le Ministre, et puisque vous voulez que l'enseignement soit *concret*, vous devez donner l'exemple. Vous avez expliqué les leçons de choses, il faut maintenant que vous alliez en faire. »

C'est pourquoi je reviens vers vous, apportant ce petit matériel,...

(Mme Pape désigne une caisse posée sur une chaise auprès d'elle.) Cette boîte bien close ne récèle aucune sorcellerie, quoique, pour la petite population enfantine, elle renferme de véritables enchantements.

Il faut d'abord vous rappeler que la *leçon de choses* n'est point une branche spéciale d'enseignement, mais une *forme* qui s'adapte à tous les sujets, aux plus élevés et aux plus complexes, comme aux plus simples et aux plus faciles.

Il y a deux ans, un excellent journal, l'*Économiste-français*, publiait quelques articles intitulés : *Les Leçons de choses à la Sorbonne*. On entendait sous cette désignation les cours scientifiques faits par les plus savants professeurs de Paris, dans cette salle même, pendant les soirées d'hiver, et qui sont, pour leurs auditeurs assidus, de véritables et grandes leçons de choses. Que sont, en effet, ces intéressantes leçons ? Chacun le sait, ce sont des *démonstrations* expliquées. Voilà leur attrait, leur charme. Il faut qu'il en soit de même pour instruire l'enfance.

N'est-il pas évident qu'ici les extrêmes se touchent ? Et puisque la même vérité se retrouve aux deux points opposés, on doit en conclure qu'elle existe sur toute la ligne qui les relie.

Je vous demande la permission de vous transporter en esprit dans une salle d'asile.

Le plaisir de la surprise est très vif chez l'enfance. Il est proportionnel au désir de connaître. Il faut savoir profiter de cette ardeur, et la ménager avec art, de manière à concentrer sur la leçon tout l'intérêt et toute l'attention que la nature de l'enfant comporte.

Cet art n'exige ni complication, ni recherche. Les mères le trouvent dès la naissance de leur enfant, preuve que rien n'est plus simple, plus naturel que cet art là. Il consiste simplement à aimer, et à désirer faire plaisir à ceux qu'on aime. Et il est si doux d'aimer les enfants ! et si facile de leur être agréable ! Ils se laissent si aisément charmer, et entraîner là où l'on veut les conduire !

Si donc on montre aux enfants une corbeille comme celle-ci :

(Mme Pape ouvre la caisse et en tire une élégante petite corbeille fermée.)

Et qu'on leur dise : « J'ai là dedans une chose très

précieuse, l'une des plus précieuses qu'il y ait sur la terre ; un véritable trésor ! Devinez !... »

Les enfants intrigués, et les yeux avidement fixés sur la corbeille nommeront tout ce qu'ils savent de plus beau : de l'argent ? de l'or ? des bijoux ? des diamants ?

— Mieux que tout cela ¹ ! »

Alors l'institutrice, la *mère* qui *joue* avec ses enfants, ouvre son petit panier et leur montre.... ceci....

(Mme Pape, ayant ouvert la corbeille, en tire et présente un morceau de pain !)

Qu'y a-t-il sur la terre de plus précieux que le pain ? Le pain qui nourrit le corps de l'homme, son serviteur obéissant, le pouvoir exécutif de sa volonté, de son âme ! Que sont l'or et l'argent à côté du pain ? Rappelez-vous l'histoire de ce roi de la Fable, Midas, qui, ayant obtenu de Bacchus que tout ce qu'il toucherait fût changé en or, vit tous ses aliments se transformer en cet indigeste métal, et faillit périr de faim au milieu de ses richesses.

Voici donc du pain. Mais comment et avec quoi se fait le pain ? Avec quoi ! Eh bien ! il se fait avec cette chose que voici.

(Mme Pape montre un petit sac de farine.)

C'est une poudre blanche. Mais toutes les poudres blanches ne sont pas bonnes à faire le pain.

(Mme Pape montre un autre petit sac semblable au premier.)

Celle-ci, par exemple, sert à faire des maisons. L'une est de la *farine*, l'autre est du plâtre. Le plâtre, si on en mangeait, ne pourrait que donner la mort !... Combien donc il est essentiel de ne pas confondre les choses qu'on emploie ! de ne pas prendre le plâtre pour la farine ! le poison pour la nourriture ! le mal pour le bien ! Il y a des choses si différentes qui se ressemblent si parfaitement ! Mais soyez tranquilles,

____

1. Il n'est peut-être pas inutile de dire qu'à ce moment, les quinze cents grands auditeurs de la Sorbonne se montraient aussi intrigués que l'eussent été les petits auditeurs supposés !

enfants, Dieu a placé près de vous deux anges gardiens
visibles : votre père et votre mère. Eux savent faire la
distinction et choisir pour vous! vous donner ce qui
est utile et non aucune autre chose nuisible. Ayez
confiance dans leur sollicitude sage, éclairée. Mangez
avec sécurité le pain qu'ils vous donnent. Vous n'avez
à votre âge que deux choses à bien savoir : vous con-
fier et obéir!

Mais où trouve-t-on cette farine? qui est-ce qui la
donne? d'où provient-elle? Elle provient d'une plante
qu'on nomme le blé. Et cette plante, la voici.

(Mme Pape présente une poignée d'herbe verte.)

— Comment, diront les enfants, c'est cela qui procure de la farine? Où donc est-elle cachée? nous ne la
voyons pas.

— En effet, répondrez-vous, il n'y a pas de farine
là dedans. Ceci c'est la plante enfant, et comme vous,
enfants, elle ne peut encore donner de fruits. Il faut
que cette herbe grandisse, qu'elle devienne du blé
mûr pour pouvoir produire la graine qui contient la
farine. Et quand elle est devenue grande, voici ce
qu'elle est.

(Mme Pape montre une petite gerbe de beau froment mûr.) .

Voilà la plante, grande, belle, parfaite et féconde!
Elle ne ressemble guère à cette pauvre petite poignée
d'herbe que je vous montrais tout à l'heure. Mais un
tout petit enfant blanc et rose ne ressemble pas non
plus à un homme fait, barbu, dont les bras sont ro-
bustes. La petite plante n'a encore autre chose à faire
que de croître, bien droite et bien portante; mais
devenue grande, et par cela seul qu'elle aura grandi,
qu'elle aura rempli sa mission de jeune plante, qu'elle
n'aura pas manqué à l'ordre que Dieu lui a donné de
s'accroître, elle produira naturellement et sans effort,
ces beaux épis dans lesquels sont renfermés les grains
avec lesquels on fait la farine et le pain !

Mais comment et où sème-t-on le blé? Dans les jardins? Non, certainement. Il y en aurait trop peu pour nourrir tout le monde, car tout le monde, ou à peu près.... tout le monde mange du pain, les Français surtout. Il faut semer le blé dans les champs. Mais alors comment travaille-t-on la terre? la bêche-t-on? (l'enfant des villes ne sait pas encore ces choses). Enfin comment ouvre-t-on le sein de la terre pour y déposer la semence?

— On l'ouvre avec un grand couteau. Oh! ce n'est pas un couteau de table, bien sûr; c'est un couteau fait exprès pour labourer les champs. Le voici : on l'appelle une *charrue*. »

(Mme Pape montre une petite charrue sans roues ni accessoires[1].)

On fait voir et distinguer à l'enfant les différentes parties de cet instrument, on les lui nomme; on lui explique comment le soc de la charrue, enfoncé dans le sein de la terre, y trace un sillon en la rejetant à droite et à gauche.

A ce sujet, il faut que je vous raconte une chose qui vous surprendra et, je l'espère, vous affligera, comme elle m'a surprise et affligée moi-même. Hier, lorsque je suis entrée dans un magasin de jouets pour me procurer une charrue, la marchande m'a demandé :

— Qu'est-ce que cela, une charrue?

Comprenez-vous? *qu'est-ce qu'une charrue!*.. A Paris, au cœur de la civilisation, ne pas connaître, même de nom, la charrue, l'alpha et l'oméga de toute civilisation!... Oui, je le répète, on ignore, à tous les âges, une foule de choses dont nous ne nous doutons pas. De là des lacunes effrayantes!... Il est donné aux leçons de choses d'y remédier dans une notable partie. Cette certitude suffit pour nous engager à l'essayer de toutes nos forces.

Revenons à notre sujet.

« Mais comment parvenir à labourer les champs?

____

[1] C'était un petit modèle sorti de la maison Hachette.

Elle est bien dure la terre! Les forces de l'homme n'y suffiront pas.

— Comment? Dieu ne nous a-t-il pas donné des amis pour nous aider? les bons amis que voici. »

(Mme Pape présente une paire de petits chevaux attelés à un avant-train sur lequel elle pose le timon de la charrue. Un murmure de gaieté se fait entendre dans toute la salle. Mme Pape, y faisant allusion, ajoute :)

Jugez donc quels seraient votre joie et votre intérêt si vous étiez encore des petits enfants!

Oui, les voilà, ces amis vaillants et dociles, qui prêtent leur force à l'homme, labourent pour lui, tirent à eux seuls non seulement le poids de la charrue, mais le poids de la terre sèche qu'il faut ouvrir profondément. Et ces amis, que Dieu nous a donnés, non seulement sont plus forts que les hommes, mais ils sont plus dociles, et moins exigeants. Ils ne demandent pour prix de leurs efforts, parfois bien pénibles, qu'un peu de paille ou de foin, une poignée d'avoine, des soins réguliers et de la douceur, c'est-à-dire ce qui est de la plus stricte justice.

Aussi je pense que nous devons bien les aimer, ces généreux et fidèles amis; que nous ne les frappons jamais, que nous ne les maltraitons pas, que nous ne les surchargeons pas. Car si nous leur donnions une tâche au-dessus de leurs forces, nous serions des insensés. Nous épuiserions ces forces précieuses que Dieu a mises à notre service. Et si nous frappions les animaux, si nous les maltraitions, nous serions plus que des insensés, nous serions des ingrats! Et vous savez ce que disait un poëte anglais, lord Byron : *Tous les vices sont des vertus à côté de l'ingratitude!*

Mais ne trouvez-vous pas que tout cet appareil, avec son attelage, ses deux roues, cet objet unique porté sur un avant-train, ressemble à quelque chose qui n'est point une charrue?... Cherchez... rappelez-vous si vous n'avez rien vu qui ressemble à ceci?... Vous trouvez?... Mais vous n'êtes pas sûrs... Mais oui, c'est cela!

(Mme Pape enlève rapidement le soc porté sur l'avant-train, le remplace par un petit canon et ajoute :)

Oui, *ceci* ressemble à une charrue, mais ce n'est point une charrue : c'est un canon !!... Quelle différence, n'est-ce pas? La charrue nourrit, — le canon tue! Les champs où passe la charrue sont des champs de blé, — ceux où passe le canon, des champs de carnage. Enfin, la charrue, c'est la paix; — le canon, c'est la guerre!

Ah! si la paix existait partout; à l'asile, à l'école, dans la rue, au foyer paternel! Si ces enfants grandissaient sous son influence tutélaire, en contractaient la douce habitude, s'en imprégnaient pour ainsi dire dans leur cœur, dans leur caractère, dans leur vie tout entière, ce fléau de la guerre disparaîtrait bientôt. Il s'évanouirait par l'extension de la concorde universelle. La paix, la concorde ne devraient-elles pas être l'atmosphère de l'enfance! Mais au contraire, nous leur donnons le triste exemple de nos dissensions, de nos disputes, de nos rivalités, petites ou grandes. Et comme si ce n'était pas assez des réalités pour les pousser à la discorde, nous leur donnons pour jouets, des canons!...

Ah! messieurs, unissons tous nos efforts pour substituer à cet esprit de guerre, l'esprit de paix qui est l'esprit de Dieu! et pour hâter le jour où les marchands de jouets demanderont, non plus comme aujourd'hui : qu'est-ce qu'une charrue? mais : *qu'est-ce qu'un canon?*...

Je passe maintenant à un autre sujet : les cubes de la méthode Frobel dont j'ai eu l'honneur, il y a huit jours, de vous dire quelques mots. Vous le savez, pour représenter un cube sur le tableau noir on dessine deux carrés égaux, inscrits d'un côté, l'un dans l'autre, et on en joint les angles par des lignes obliques.

Mais on ne fait pas attention que, si l'enfant n'a pas vu de cubes il ne comprendra rien à cette figure. Il y verra simplement une forme *plane*, et ne la rapportera jamais à un solide. Si au contraire il a déjà vu l'objet représenté, le cube réel, il en comprendra facilement la représentation.

(Mme Pape met sur la table une quantité de cubes en bois blanc de cinq centimètres de côté.)

Avant d'entreprendre le dessin et l'explication des formes géométriques, mettez-leur donc ces solides entre les mains; qu'ils les voient de tous côtés; qu'ils les retournent, les apprécient par la vue et le toucher. Faites que ces objets deviennent pour eux des instruments de plaisir, des éléments propres à satisfaire leur besoin de créer, ce besoin providentiel qui, non satisfait, les pousse à détruire.

Qu'ils construisent avec ces cubes de petites maisons, des églises, des voûtes, des meubles même.

(Tout en parlant, Mme Pape construit un arceau.)

Ils apprendront alors par des faits palpables ce que c'est qu'une ligne, un angle, un aplomb. Un fait est toujours plus intelligible qu'une explication. S'ils cherchent l'aplomb, ils le trouveront, ils le sentiront. Ils ne sauront pas scientifiquement pourquoi ce cube, placé sur cet autre, *tient* dans cette position et ne *tient pas* dans celle-ci; mais ils le sauront pratiquement, cela vaut mieux pour commencer. Quand plus tard vous expliquerez la raison de toutes ces choses, ils vous comprendront parce qu'ils l'auront expérimenté. Sans cette préparation *concrète*, soyez sûrs que vous jetteriez vos paroles au vent.

Et quand, avec ces petits cubes, ils auront construit des édifices à lasser votre admiration! car nos inspirations déflorées sont bien stériles en comparaison des leurs, vous leur direz d'examiner ces objets, vous leur demanderez quelle en est la couleur, la forme; combien ils ont de faces, et les enfants seront obligés de les compter. Et comment les compter sans avoir l'objet dans sa main? Vous leur demanderez ensuite si quelques-unes de ces faces sont plus grandes que les autres? Ils chercheront, et s'apercevront qu'elles sont toutes égales.

Si vous leur demandez ce que c'est qu'une ligne, les arêtes de ces cubes le leur montreront mieux que toutes les explications, mieux même qu'une ligne tracée par vous au tableau noir. On s'imagine généralement qu'il est très simple de faire comprendre à des enfants ce que c'est qu'une *ligne*, et sous prétexte que cela est simple, c'est par la ligne que débutent presque tous les ouvrages élémentaires de géométrie. Moi je trouve au contraire que la ligne est une chose si abstraite, si difficile à comprendre pour des enfants, qu'il n'y en a qu'une qui le soit davantage : c'est le *point*.

Un enfant ne comprendra jamais la ligne abstraite, le point abstrait. Le point! qui est la négation la plus absolue! Ni longueur, ni largeur, ni épaisseur, c'est-à-dire *rien du tout!* Comment voulez-vous qu'un enfant comprenne *rien du tout?* Et quand vous lui dites : Une ligne est une suite de points, comment voulez-vous qu'il comprenne une suite de *rien du tout* ?

Quand vous tracez une raie blanche sur le tableau et que vous lui dites : « Ceci est une ligne » vous vous trompez, et vous le trompez. Ce n'est pas une ligne que vous avez faite, c'est une surface. Quelque mince que soit la trace de votre crayon, elle a toujours une largeur ; et du moment qu'elle a une largeur, ce n'est plus une ligne, je le répète, c'est une surface.

Je n'ai pas la prétention mal fondée de me poser en professeur de géométrie, mais je crois connaître, de toute science, au moins les petits côtés, ceux qui touchent à l'enfant, c'est pourquoi, ce que je vous dis, je le dis avec assurance.

Maintenant, vous le voyez, avec ces cubes il est facile de faire remarquer à l'enfant les arêtes, les angles, les pointes, ou angles solides. De plus, ces cubes se divisent en deux, obliquement...

(Mme Pape opère la division.)

et chacune des sections forme une nouvelle figure : le triangle.

Vous pouvez donc faire des figures très variées avec ces seuls éléments, et les enfants eux-mêmes en trouveront encore plus que vous. Les enfants ont une imagination que rien n'arrête, une franchise d'allure, un esprit d'invention qui en feraient nos maîtres, en fait d'art, s'ils avaient ce que nous avons, hélas! la réflexion et l'expérience!

En terminant, messieurs, je vous répète avec toute la conviction de mon esprit : Fiez-vous-en à la bonne nature, qui est l'œuvre divine. Imitez ses procédés. Elle instruit les enfants par les sens : Instruisez-les comme elle !

TROISIÈME CONFÉRENCE [1]

Séance du mercredi 4 septembre.

(Avant l'arrivée de Mme Pape, les objets qui doivent servir à la leçon ont été placés sur l'estrade.)

MESSIEURS,

Je dois d'abord vous rassurer sur la quantité d'objets qui m'entourent. Leur nombre n'a rien de menaçant pour vous. Je ne vous demanderai strictement que ces trois quarts d'heure de bonne volonté à laquelle les collègues qui vous ont précédés sur ces bancs m'ont déjà accoutumée.

J'ai à vous entretenir d'un sujet bien minime en apparence. Les petits enfants ! Qu'y a-t-il de moins considérable? Qu'y a-t-il eu, jusqu'à ces dernières années, de plus inaperçu, de plus délaissé, au milieu de nos sociétés préoccupées d'affaires, d'industrie, de guerre, de conquêtes matérielles de toutes espèces?

Oui, en effet, les petits enfants sont une bien minime

1 Deuxième série d'instituteurs.

chose; mais cette chose est petite à la manière du gland
qui, placé en bonne terre, deviendra un chêne! Vous
êtes la bonne terre, vous, les instituteurs; le chêne
vous devra sa croissance, sa force et sa beauté. Pour
moi, je demande à Dieu que ma parole soit simple, sub-
stantielle, et qu'elle vous aide à diriger les premiers
développements, les développements *sans retour* de la
jeune plante !

Dans les écoles, il est de règle de procéder par larges
séances, taillées dans la journée suivant l'importance
des matières et le nombre d'années que les écoliers ont
à étudier. Mais la lecture, l'écriture, l'instruction religieuse, la grammaire, l'arithmétique, les notions de
géographie, de *géométrie*, ayant toutes de l'importance,
on les distribue carrément dans la vie de l'écolier, sans
songer que peut-être l'écolier lui-même souffrira de ce
petit arrangement.

Dans la salle d'asile on procède d'une façon tout à
fait inverse. On se préoccupe de l'enfant avant de se
préoccuper de l'enseignement. On ne lui en donne qu'à
sa force, et l'on pense qu'une petite connaissance, mise
bien à son aise dans une jeune tête, y germera mieux,
et y produira de meilleurs fruits, qu'une demi-douzaine
de notions entassées et pressées pêle-mêle l'une par-
dessus l'autre. Rien n'est irréparable comme les impressions de l'enfance; et si le désordre a été introduit dès le début dans une jeune cervelle, soyez assurés
qu'il y restera toute la vie.

Certaines personnes, trompées par la gaieté qui règne
dans les bonnes salles d'asile, et s'arrêtant aux appa-
rences, ont pris pour de simples amusements, des passe-
temps sans conséquence, les occupations qui s'y succèdent toute la journée. Des passe-temps! Mais tout est
passe-temps en ce monde, car le temps ne s'arrête
jamais, quelque usage que nous en fassions. Seulement,
il passe en laissant d'utiles traces ou en n'en laissant
pas. La salle d'asile s'arrange de manière à ce qu'il en

laisse de si profondes, qu'elles restent à jamais ineffaçables !

C'est pour aider à ce résultat qu'on y attache le souvenir de la joie, de la douce et naïve gaieté si aimée des enfants. C'est pour cela qu'on varie les exercices, que l'on chante, que l'on évite ces longues et mortelles classes des écoles, mortelles pour la santé des enfants, qu'elles privent du mouvement nécessaire ; mortelles pour leur intelligence, qu'elles obligent à croupir sur des leçons pleines d'ennui.

Il faut épargner la souffrance aux enfants. Arrière ces cœurs durs, stoïques pour les autres, qui prétendent que nos enfants étant destinés à la peine, il faut les y accoutumer de bonne heure ! Ces gens-là sont peut-être les disciples de Zénon, et de cette société marâtre qui abandonnait les enfants nés chétifs au coin des bornes ; mais ils ne sont pas les disciples de Jésus-Christ, qui ramassait les petits enfants et les réchauffait contre son cœur !

Dans la salle d'asile. au contraire, tout est calculé pour le bien de l'enfance. La solicitude maternelle y a pris toutes les formes, afin de répondre à tous les besoins de ces petits êtres impuissants, qui ne peuvent encore rien pour eux-mêmes et attendent de notre amour tout ce que nous demandons qu'ils rendent un jour à leurs familles et à la société.

Les deux premières préoccupations de l'instituteur, en vue de la santé de ses élèves, doivent être : 1° celles du local dans lequel il les garde pendant toute la journée ; et 2° l'exercice corporel par lequel il donne satisfaction aux nécessités organiques de leur développement.

L'exercice est le complément indispensable des courtes séances. C'est grâce aux repos fréquents que l'esprit des enfants pourra donner à vos leçons l'attention nécessaire. Car il n'y a ni menace, ni promesse, ni châtiment qui puisse obtenir de l'enfant une application prolongée au-delà de ses forces. S'il se trouvait un jeune garçon capable de rester attentif plusieurs heures sans éprouver le besoin de changer de place, ce serait très-malheureux pour lui : cela prouverait que toute son activité vitale est concentrée au cerveau, que l'équilibre est rompu, et que la santé de cet enfant est en danger. Avez-vous remarqué ce qui se passe le soir à la sortie des écoles, surtout des écoles où les enfants sont d'ordinaire le plus contenus? Quels cris! quels bonds! quelle joie! quelle délivrance!!

Avez-vous remarqué aussi ce qui a lieu, à l'intérieur même des classes, lorsque les enfants arrivent, partent ou changent de place isolément? Quel bruit, quel désarroi, et souvent quel vacarme!

Pour éviter ces sérieux inconvénients, il suffirait d'imiter ce qui se passe dans les salles d'asile, comme on a imité là ce qui a lieu dans les régiments : on marche tous ensemble et en mesure. Les régiments ont la musique, les asiles ont le chant. Si on laissait les soldats marcher seul à seul, chacun à son pas, ils seraient bientôt hors d'haleine, car rien ne fatigue plus vite que le désordre.

Les chants des salles d'asile sont simples, intelligibles. Ils ont pour objet quelque sujet religieux, ou connu des enfants, ou facile à leur apprendre. La simplicité et la clarté sont les premières conditions de l'intérêt qu'y peuvent prendre les petits chanteurs; c'est d'ailleurs la condition universelle de tout ce qu'on veut leur enseigner. Il ne faut pas leur faire tort, et dire, comme le disent à propos d'une foule de choses des instituteurs ineptes ou paresseux : « Ceci est au-dessus des enfants. » Cette assertion est simplement très-commode pour se dispenser de les instruire.

Non, tout ce qui est accessible à notre âme est accessible à la leur. Voyez, par exemple, s'ils ne sont pas parfaitement accessibles au sentiment le plus élevé de tous, le sentiment religieux; s'ils ne le comprennent pas, et ne le ressentent pas, quelquefois même avec plus de ferveur que nous?

Quand un enfant ne comprend pas, c'est qu'il y a incompatibilité entre lui et la forme qu'on emploie. C'est que le chant, ou le livre, ou le maître qui exprime une pensée, n'a pas su saisir le fond, l'essence même de cette pensée, et la revêtir d'une forme claire, facile, agréable, lumineuse, qui ne laisse aucune ombre.

Cette obscurité, cette impropriété du langage est une grande imperfection. On s'en corrigerait facilement si on se donnait la peine d'y penser.

Le chant, que je vous conseille d'employer, a d'ailleurs une valeur hygiénique très précieuse : il fortifie et développe les poumons, qui sont les principaux organes de la respiration. Vous savez que les constitutions faibles et débiles se renouvellent au moyen de la gymnastique ; eh bien ! le chant est pour les poumons une véritable gymnastique ; et je n'en parle pas d'après la théorie seulement : je n'accepte les théories qu'après avoir expérimenté les faits ; *j'ai vu* des enfants dont la poitrine était extrêmement délicate, des enfants condamnés par les médecins comme atteints de tubercules, guéris, radicalement guéris, par l'exercice gradué et mesuré du chant! Un chant sans effort, pris dans un mouvement en rapport avec la nature des enfants, jamais trop prolongé, ne montant pas trop haut, ne descendant pas trop bas, exécuté debout pour faciliter les mouvements du diaphragme et de tous les organes qui concourent à l'émission de la voix, rien n'est meilleur pour la santé, pour l'harmonie des mouvements du corps ; en même temps que c'est une excellente préparation à l'enseignement musical proprement dit, qui viendra un peu plus tard.

Quand au local, M. Gasquin vous a parlé ici, en termes charmants et poétiques, des agréments qui devraient se trouver réunis dans une maison d'école. Malheureusement le choix et la disposition des locaux ne dépendent pas des instituteurs. Ils dépendent des autorités, qui crient toujours misère; et des architectes qui, trop souvent, se donnent plus de soin et dépensent plus d'argent, pour construire de mauvaises classes, qu'il n'en faudrait pour en faire de bonnes. Les architectes feraient bien, pour la plupart, de se renseigner un peu plus sur les nécessités d'une école.

Cependant, lorsque l'instituteur ou l'institutrice ont su, par leur sage conduite, par leur esprit d'ordre, leur dévouement à leurs devoirs, conquérir l'influence personnelle qui ne leur fait jamais défaut quand ils s'en montrent dignes, ils finissent toujours par obtenir, sinon de splendides locaux, du moins ces petites améliorations de détail qui font le charme des yeux, disposent maîtres et élèves à la belle humeur, et satisfont aux premières exigences de l'hygiène.

Au nombre de ces exigences de l'hygiène, se place la circulation large et abondante de l'air, de la lumière et du soleil. Rien n'est fortifiant, vivifiant, rien n'est indispensable à la croissance des jeunes plantes comme l'air enveloppant les enfants, les baignant pour ainsi dire de ses ondes pures et sans cesse renouvelées.

Savez-vous quel est ce mal terrible qui sévit dans les grandes villes, à Paris surtout. contre la vie de milliers de pauvres petits enfants? Qui, jusque sur le sein de leur mère, souvent au milieu de l'abondance, va prendre de gracieux petits êtres, nés forts et bien constitués. dont les chairs roses, le regard souriant, les joues rebondies, avaient fait pendant les premiers mois la sécurité et l'orgueil de leurs parents! Mal affreux, indéfini, sphinx de la médecine, caché on ne sait où, qui les saisit un jour, et lentement, sourdement, pâlit leur doux visage, fond leurs chairs, change leur voix gazouillante en un plaintif gémissement, ternit l'éclat de leurs yeux creusés d'un cercle noir, les courbe enfin, languissants, éteints, agonisants, ces êtres adorés, dans les bras maternels qui les étreignent avec désespoir?...

En avez-vous entendu parler, de ce mal terrible?
c'est la *Malaria!!* [1]

C'est l'absence de circulation dans l'air, l'éloigne-
ment des végétaux qui le renouvellent et le reconsti-
tuent sans cesse. C'est le châtiment presque fatal des
hommes imprévoyants, qui ont imaginé de déserter les
champs salubres pour venir s'entasser dans l'air stag-
nant et corrompu des grandes cités. Et la preuve! la
preuve irrécusable, c'est qu'il suffit de quelques jours
passés au milieu de la campagne, pour rallumer chez
les enfants les plus désespérés la vie prête à s'éteindre,
et ramener sur leur visage, dans leurs regards, cet
ineffable rayonnement de l'âme, que la mort allait obs-
curcir pour jamais!

Que l'air circule donc chez vous en grande abondance !

A la campagne les bâtiments manquent quelquefois,
mais l'espace manque rarement; et l'air jamais! Entou-
rez-vous aussi, le plus que vous pourrez, de végétaux.
Faites tous vos efforts pour obtenir un jardin; et si
vous n'en pouvez venir à bout, obtenez de transformer
en jardin une partie de votre cour de récréation. Vos
élèves auront toujours les rues et les champs pour leurs
grands ébats, ils n'auront pas partout le bien-être physique et moral d'un jardin bien cultivé. Et si vous ne
pouviez même obtenir cette permission (ce qui pourrait
quelquefois arriver : tout le monde n'est pas bon juge
en cette matière), eh bien, plantez tout ce que vous
pourrez autour de votre maison. Rosiers, plantes grim-
pantes, clématites , liserons, haricots! tout est bon,
pourvu que votre maison soit transformée en jardin;
pourvu que la verdure, les fleurs réjouissent le cœur et
les yeux de vos enfants et les vôtres; pourvu qu'une
végétation bienfaisante contribue à l'entretien de la
santé qui leur est indispensable!

Les végétaux d'ailleurs, vous fourniront le texte

---

1 Nom que les Italiens donnent au *mauvais air*.

d'excellentes leçons de choses pour vos enseignements de chaque jour. Car, n'allez pas croire que la meilleure science se trouve dans les livres. Je ne veux pas médire des livres, mais je dis que les meilleurs enseignements sont ceux qu'un bon instituteur sait tirer chaque jour de la vie pratique. Et la vie déborde les livres. Elle les déborde dans tous les sens. Ce n'est donc pas dans les livres, du moins uniquement, qu'il faut l'aller chercher, c'est dans les choses qui nous environnent, dans les faits qui se passent autour de nous, dans les phéno- mènes simples et familiers de la nature qui s'accom- plissent sous nos yeux, et qu'il faut savoir regarder et observer, pour en tirer parti dans un sens noble et mo- ralement utile.

Ainsi, un jour une petite fille arrive à l'asile en pleurant. Elle s'est piquée à une touffe d'orties. L'or- tie n'est pas un sujet qui semble prêter beaucoup à une leçon. Mais tout y prête entre les mains d'un institu- teur intelligent :

Voici les orties auxquelles l'enfant s'est piquée.

(Mme Pape montre au fur et à mesure les différents objets dont il est question.)

Beaucoup d'enfants ont appris de leurs parents, plus tendres que judicieux, à se fâcher contre la cause pas- sive des accidents dont ils sont les auteurs. Ils frap- pent les portes et les meubles contre lesquels ils se sont heurtés, les couteaux avec lesquels ils se sont coupés, sans se rendre compte qu'ils ont seuls la responsabi- lité de ces accidents. Ainsi, la petite fille, lorsque vous aurez essuyé ses larmes, pourra bien vous dire :

—Pourquoi le bon Dieu a-t-il fait les orties méchantes qui piquent?

—Pourquoi? répondrez-vous. D'abord les orties ne sont point méchantes, elles ne piquent point les petites filles qui ne vont point les chercher. Ensuite, au lieu de nuire, les orties rendent souvent service. Elles servent de nourriture aux bestiaux, quelquefois même aux hommes.

En 1832, en Afrique, on a vu nos braves soldats, oubliés, sans vivres, à Tlemcen, manger des orties cuites dans l'eau!... C'était peu nourrissant, il faut le reconnaître, mais cela valait toujours mieux que rien.

L'ortie est aussi une plante cultivée pour l'industrie. Elle contient un fil délicat qui sert à faire les plus belles choses. Voyez ce ravissant mouchoir! un véritable objet d'art! Il est tissé en fil d'ortie; brodé en fil d'ortie; garni d'une dentelle en fil d'ortie. (Supposons que ce mouchoir soit la cravate de mariage du grand-père, conservée par la famille comme une relique.) Vous voyez, mon enfant, que l'ortie, dont vous ne dites du mal que parce que vous ne la connaissez pas, est au contraire une plante précieuse autant que modeste.

L'enfant restera frappée et pensive. Vous ne savez pas, messieurs, ce que font jaillir de lumières les réflexions muettes d'une jeune âme! Dans cette âme encore limpide, il s'échange, entre Dieu et l'enfant, de secrètes confidences qui nous échappent, et que nous devrions bien essayer de suivre à la trace!...

Supposons qu'un autre enfant, témoin de votre conversation, vous dise à son tour :

—Et ma blouse, est-elle faite avec du fil d'ortie?

—Non mon ami. Cette blouse de toile grise est faite avec les fils d'une autre plante qui s'appelle du lin, et dont les fils sont moins délicats, mais plus forts que ceux de l'ortie.

Je n'ai pu me procurer du lin vert. En fait de produits naturels, à Paris, on n'a pas absolument tout ce qu'on désire. Voilà tout ce que j'ai pu trouver : cette tige a au moins trois ans d'herbier! (On rit.) Cependant, elle porte encore de la graine; cette petite graine que vous connaissez bien. La voici : elle est plate, brillante, un peu allongée et dure. Mais on la réduit en farine, et quand on souffre de quelque douleur, vous en savez l'emploi? on en fait des cataplasmes qui endorment notre souffrance.

Puis elle sert à l'industrie. On en extrait de l'huile :
l'*huile de lin*, très-siccative, qui est employée par les
peintres, les mouleurs. En sorte que cette plante, elle
aussi, est d'une grande utilité. Il est encore à remarquer que son fil est très doux, et sa tige frêle et délicate se laisse facilement travailler.

Eh bien, cette douceur, cette facilité à obéir au devoir, à se prêter au travail, n'est-elle pas une précieuse
compensation de la faiblesse, et l'une des plus char-
mantes qualités de l'enfance?

Alors, dira un autre, est-ce que le tablier que ma
mère met devant elle lorsqu'elle fait le ménage et la
cuisine, est fait aussi avec du fil de lin?

— Non; il est fait avec du fil de chanvre. Voici un
pied de la plante qu'on nomme ainsi.

Une personne obligeante m'a apporté de la campagne
ce magnifique échantillon. Celui que je possédais n'y
ressemblait guère, hélas! Tenez, voilà le chanvre de
Paris! C'est une culture de mon concierge faite dans
un pot à fleur!

(Mme Pape dresse côte à côte un pied de chanvre qui a 2 mètres
50 de hauteur et un autre pied qui a 60 centimètres. Un immense
éclat de rire s'élève de tous côtés).

Que voulez-vous? c'est là ce que devient la nature, à
Paris!

Voyez, au contraire, le riche feuillage de ce beau
chanvre? Et vraiment j'y vois courir encore une jolie
petite bête à bon Dieu. Ne négligez pas ce détail : la
nature est hospitalière et bonne. Elle laisse vivre tout
ce qui a reçu la vie. Il est bon d'apprendre aux enfants
à faire comme elle. Non sans doute qu'il soit d'un haut
intérêt qu'une bête à bon Dieu, un insecte quelconque,
existe ou n'existe pas. Mais ce qui importe à un très-
haut degré, c'est que les enfants apprennent à respecter
la vie. Qu'ils soient préservés de l'affligeante, et trop
commune habitude, de ne pouvoir passer à côté d'une
petite bête inoffensive, et créée par Dieu, sans l'écra-
ser?...

Voici maintenant les graines du chanvre. Vous les connaissez sous le nom de chénevis. On les donne à manger aux petits *enfants*.

(On sourit et l'on chuchote. Mme Pape s'aperçoit qu'elle s'est trompée de mot et se reprend.)

Aux petits oiseaux, veux-je dire. Oiseaux et enfants se ressemblent beaucoup !...

On en tire aussi, continue Mme Pape, de l'huile pour l'industrie. Mais le principal emploi du chénevis, comme de toutes les graines, c'est de servir de semence, et de perpétuer l'espèce de la plante selon la volonté du Créateur.

Le chanvre, étant plus grand que le lin, donne naturellement des fils plus gros, plus solides ; si solides même, qu'ils servent non-seulement à faire la toile de ménage, mais aussi à tordre les câbles de navire, et à tisser ces grandes voiles qui les poussent si loin à travers les mers.

— Et ceci ? qu'est-ce encore ?

(Mme Pape présente un bouquet de capsules de coton.)

— Ceci ? c'est du coton. Non pas de la ouate comme celle dont on garnit les manteaux et les habits, mais du coton naturel, encore attaché à la fleur qui l'a produit, et tel qu'il est livré au commerce par les marchands d'Amérique, d'Asie et d'Afrique, qui le cultivent comme on cultive chez nous le blé et le chanvre. La graine de coton, cette petite graine arrondie et noire que voici, soigneusement renfermée dans la capsule, est mise en terre profonde vers février. Elle grandit, et peu de mois après produit ce doux et chaud duvet bien blanc, recueilli par des mains bien noires : par les mains des nègres. Je dis : les nègres. Il y a quelques années, j'aurais dit : les *esclaves*. Mais Dieu soit loué ! il n'y a plus d'esclaves !

Les enfants questionnant toujours demanderont :

— Et mon pantalon ? et la robe de ma sœur ? avec quoi sont-ils faits ?

— Ah ! ceci, c'est autre chose. Ces objets-là sont

faits avec les produits d'une douce et utile bête. Nous étions tout à l'heure dans le domaine des végétaux, sous sommes maintenant dans le domaine des animaux. Voilà la douce bête dont la laine a fourni la matière de ce pantalon.

(Mme Pape présente un mouton).

On a coupé cette toison de laine en été, et sans blesser l'animal. Puis on l'a filée; on l'a tissée pour en fabriquer du drap; tricotée pour en faire des bas, des gilets, la robe de votre petite sœur, et mille autres objets aussi chauds que solides. Le mouton, vous le voyez, est une des bêtes les plus utiles à l'homme!

Et l'une des petites filles, questionnant encore, dira peut-être :

— La robe de ma poupée est-elle en laine aussi?

— Non, répondrez-vous s'il s'agit d'une poupée riche comme celle-ci. Cette étoffe n'est pas de la laine, mais de la soie, c'est le produit d'un autre animal, beaucoup plus petit que le mouton, aussi doux, et encore plus inoffensif : le ver à soie. Le voici :

(Mme Pape présente un ver à soie attaché à une branche de mûrier.)

Et maintenant, voici une image représentant le même sujet.

On a parlé, messieurs, des leçons *par l'aspect*. Voilà, certes, une excellente image. Mais comparez-la avec cet objet réel que l'enfant peut toucher, retourner, examiner sous ses divers aspects, et dites si les leçons par les *choses* elles-mêmes ne sont pas mille fois préférables aux leçons par le simple *aspect*.

N'ayons donc, une fois pour toutes, recours aux leçons par l'aspect que lorsque nous ne pouvons donner la leçon par les choses.

Vous montrerez aux enfants, non seulement le ver et le papillon, mais les œufs, le cocon, et la soie naturelle.

— Voilà, direz-vous, ce qu'est ce petit animal et ce qu'il produit. On dit qu'il est gourmand, parce qu'il

mange, proportionnellement à son volume, autant à lui
tout seul que trente-six chevaux ! Mais non, il n'est
pas gourmand. Ce n'est pas par gourmandise qu'il
mange tout cela, c'est par ardeur au travail. A proprement parler, il ne mange pas, il emmagasine les matières premières dont il composera sa pièce de soie, ce
cocon dont le fil, soigneusement déroulé, atteint quelquefois jusqu'à mille mètres de longueur ! Voyez comme
cette soie est belle et brillante !

Mais en voici les inconvénients : elle coûte cher, et
sa beauté, augmentée encore par le merveilleux talent
des ouvriers qui la tissent en velours, en satin, en
rubans, en dentelles, entraîne quelquefois certaines
femmes, peu raisonnables, à faire des dépenses au-
dessus des ressources de leur fortune, et à marcher
ainsi à la ruine !

Faut-il à cause de cela tuer les vers à soie ? détruire
une matière belle, précieuse, dont la fabrication fait
vivre un nombre incalculable de familles ? Alors il faudrait détruire tout ce que Dieu a créé, car il n'est rien
dont on ne puisse abuser quand on oublie les règles
du devoir. Et puis la soie est employée aussi à d'autres
usages que des vêtements de femme, à des usages très
nobles et très élevés dans notre vie sociale :

Elle sert aux ornements du culte, qui est la forme
extérieure de la RELIGION.

Elle forme l'écharpe du magistrat dans l'exercice
de son ministère, quand il représente la LOI.

Elle fournit l'étoffe de nos drapeaux qui représentent
la PATRIE !

Voilà bien des raisons pour pardonner à la soie les
extravagances qu'elle fait quelquefois commettre.

De plus, si la soie est la plus belle des étoffes, elle
en est aussi la plus durable. C'est sans doute pour ce
motif qu'on l'a choisie entre toutes pour représenter
les sentiments les plus impérissables de notre âme.

— Avec quoi sont faits mes souliers ? demandera

peut-être quelque infatigable questionneur. Est-ce qu'ils sont faits avec du chanvre, de la soie ou du coton ?

—·Non, voilà l'animal qui a fourni la matière de tes souliers.

(Mme Pape pose sur la table un petit bœuf parfaitement exécuté. Puis s'interrompant, elle dit :)

Remarquez que pendant cette conversation, la petite fille qui s'était piquée s'est calmée peu à peu. Elle a cessé de pleurer, et a pris un vif intérêt à ce qui s'est dit et fait autour d'elle.

Le maître ou la maîtresse, en tout cas l'*ami*, a étendu sur la petite main, gonflée par les piqûres d'orties et les frictions violentes de l'enfant, un peu d'eau salée, un peu de salive peut-être, *du baume de son cœur* comme on dit et l'inflammation a cédé. La petite fille a oublié sa cuisante douleur.

L'histoire du cuir sera facile à raconter. Vous la savez tous.

— Alors, dira l'enfant, puisque le cuir est plus solide que le coton et la soie, pourquoi ne fait-on pas les robes et les habits en cuir ?

—Pourquoi? Écoute, je vais te raconter une histoire...

Mais pardon, messieurs, je vous ai recommandé les courtes séances, et je m'aperçois que je suis en train de l'oublier...

(Les cris : l'histoire! se faisant entendre de toutes parts, Mme Pape continue :)

Cette histoire est une histoire véritable. J'ai connu le héros. Il s'appelait Hans Bader. C'était le fils d'un cordonnier alsacien. Il était petit, brun, vif, turbulent, impossible à tenir en place. Au lieu de se rendre à l'école, il allait courir dans les champs et par tous les chemins. Il grimpait aux arbres comme un écureuil, descendait les montagnes accroupi sur les talons de ses sabots, et ne comprenait pas le moins du monde que, rentrant chaque soir en lambeaux, il donnait à sa mère un ouvrage fou.

Hans Bader était pourtout un bon petit garçon, mais

pour le mouvement c'était un diable. Son père disait qu'il était venu au monde un jour de tremblement de terre.

A la fin, ce père, qui était le meilleur homme qui fût sous le ciel, dit à la digne maman Bader :

— Il est impossible, ma chère femme, que ça continue ainsi. Ce mauvais garnement-là te fera mourir à la peine. Tu passes tes veillées à le raccommoder, tantôt d'un côté tantôt de l'autre, le plus souvent partout à la fois. Il faut que ça change. Ne me dis pas non, c'est décidé : je vais lui faire un pantalon de cuir.

(Tout le monde rit.)

Je crois devoir vous répéter que ceci n'est pas une histoire faite à plaisir.

Le père Bader prit donc son fil et son alêne, et fit le vêtement... sur mesure.

Le petit Hans, au premier abord, parut légèrement déconcerté. Il trouvait son nouveau costume assez singulier. Puis, aux articulations, c'était roide. Puis il lui vint à l'esprit que ses camarades pourraient bien rire en le voyant pantalonné comme cela. Mais pourtant il se résigna. Il faut dire que c'était ce qu'il avait de mieux à faire : le père Bader ne lui avait pas laissé d'autre habillement.

Pendant les premiers jours, le brave homme n'eut qu'à se féliciter de son invention. Mais une après-midi, dans une de ses courses champêtres et vagabondes, l'enfant vit des ouvriers occupés à rouir du chanvre dans la petite rivière d'Ill, qui descend dans le Rhin près de Strasbourg. Ce travail extraordinaire le ravit ! Et soudain le voilà dans l'eau, prêtant la main de tout son pouvoir aux ouvriers qui riaient de son zèle impétueux.

Ce fut seulement lorsque Hans sortit de l'eau qu'il s'aperçut que son pantalon était mouillé jusqu'à la ceinture. Ne voulant pas rentrer à la maison dans cet état, il se déshabilla lestement, et suspendit son pantalon à une branche d'arbre, au soleil.

Puis il alla jouer dans les herbes.

— Ce sera sec tout à l'heure, pensait-il.

Quand il revint, il éprouva une surprise extrême : son pantalon avait complétement changé de physionomie. Hans crut qu'en le mettant cela reviendrait; il essaya…. impossible d'entrer dedans! le vêtement s'était raccourci, rétréci, retiré dans tous les sens. C'était devenu tout ce qu'on voudra, excepté un pantalon !

Le malheureux petit garçon fut obligé de rentrer en ville, avec une mise… très incomplète! et de parcourir de longues rues, en cachant son pantalon derrière lui!… S'il eut à subir en son chemin des apostrophes et des quolibets, cela ne se demande pas! Mais, lorsqu'il arriva à la maison, vous représentez-vous la consternation du père, en voyant anéanti ce vêtement, objet de ses dernières espérances?

Pourtant il n'y eut de perdu que le pantalon. Le jeune Hans, honteux d'avoir ignoré les propriétés du cuir, et d'avoir, par suite de cette ignorance, traversé la ville dans un costume aussi inusité, dit à sa mère :

— Rendez-moi mes habits de drap, ma mère, je vous promets de les ménager.

On les lui rendit, et non seulement il ne déchira plus ses vêtements, mais il alla à l'école, devint un écolier modèle. Et plus tard, quand il fut grand, il se fit militaire, ce qui prouve bien qu'il était tout à fait converti à l'obéissance !

Et notre petite fille ? Eh bien, messieurs, elle a fait comme vous : elle a écouté, elle a ri, et elle a oublié sa souffrance.

Alors la maîtresse lui a dit : Ta main ne te fait plus mal ? — Non. — Écoute-moi donc, mon enfant, et réfléchis à ce que je vais te dire :

Lorsqu'il nous arrive quelque chagrin imprévu, quelque malheur que nous n'avons pas pu, ou pas su éviter, restons calmes, prenons patience. Au lieu d'augmenter nos maux par une révolte inutile, comme tu le faisais en frottant ta main avec colère, pensons à autre chose. Occupons utilement notre esprit. Le travail utile adoucit nos peines, en nous les faisant oublier.

Puisse cette constante pensée me rappeler à votre bon souvenir, messieurs, chaque fois qu'en votre double qualité d'hommes, et d'instituteurs, vous aurez à traverser des moments difficiles!

QUATRIÈME CONFÉRENCE.

Séance du 11 septembre.

Messieurs,

S'il y a un nom sur la terre qui domine tous les noms, une pensée qui domine toutes les pensées, une consolation, une espérance supérieures à toutes les consolations et à toutes les espérances, c'est le nom et la pensée de la Providence! N'est-ce pas, en effet, à la Providence que notre esprit remonte dans toutes les circonstances où la terre ne lui suffit pas, ou ne lui suffit plus? dans l'avenir et le passé comme dans le présent?

C'est que la Providence, l'étymologie de son nom le dit, est le pouvoir qui prévoit et qui *pourvoit*. Qui prévoit nos besoins et qui pourvoit à leur satisfaction. La Providence, c'est le cœur maternel de Dieu!

Eh bien, la salle d'asile, c'est le cœur maternel de l'éducation. Comme la Providence, elle prévoit les besoins des petits enfants qui lui sont confiés, et y pourvoit dans la plus large mesure.

Quand je dis la *salle d'asile*, il est bien entendu que je ne parle pas des pierres, de la matière; je parle de *l'esprit* de la salle d'asile, du *cœur* de la salle d'asile, de

1 3ᵉ série d'instituteurs.

l'institution morale, de ses vues, du but qu'elle se propose d'atteindre. La salle d'asile doit prévoir les besoins de l'enfance et y pourvoir, parce que, je le répète, elle est la période maternelle de l'éducation.

Mais vos écoles ne touchent-elles pas de bien près à la salle d'asile? Ne lui sont-elles pas en quelque sorte contiguës? Et dans ce cas, n'est-il pas très-utile et très-désirable que vos écoles, elles aussi, se modelant un peu sur la Providence, pourvoient aux besoins de vos jeunes élèves ?

Poser la question, c'est y répondre affirmativement.

Ces besoins, vous le savez, sont d'autant plus nombreux que les enfants sont plus jeunes ; ou du moins, s'ils ne sont pas plus nombreux qu'à un autre âge, ils réclament plus de soins de la part de l'instituteur, car les petits enfants n'y peuvent pourvoir par eux-mêmes. Voilà justement pourquoi la séparation des âges est d'une nécessité visible. Quand les petits sont mêlés aux grands dans une classe, comme on a trop souvent l'imprévoyance de le faire, l'instituteur ne pouvant suffire à des devoirs trop variés, se voit forcé de sacrifier les uns aux autres. Et tout en souffre notablement, la classe, les enfants, l'instituteur lui-même plus qu'il ne pense.

Les besoins des enfants, quel que soit leur âge, sont de trois ordres différents :

Ceux du corps, ou les besoins physiques ; ceux-là mêmes dont les maîtres se préoccupent le moins, quoique ce soit des besoins physiques que partent les premières et les plus impérieuses sollicitations.

Puis ce sont les besoins de l'intelligence, de ce jeune et mobile esprit qui ne sait rien, et demande à tout savoir

Enfin les besoins de l'âme, créée pour aimer, et qui le manifeste visiblement par ses tendresses, ses désirs, ses joies et ses craintes même.

Je ne puis traiter à fond, dans une conférence, un sujet qui fournirait la matière de plusieurs volumes.

Je suis donc obligée de me restreindre au temps qu'il
m'est donné, et de m'en tenir pour ces trois ordres de
besoins à des indications sommaires, dont vos esprits
exercés, secondés par le dévouement de vos cœurs,
tireront facilement les conséquences pratiques   .

Les sentiments ont une valeur immense dans la direction de notre conduite, et l'accomplissement de notre
existence. C'est en eux que tout se résume. Cette vérité
a été constatée par un illustre et vénérable maître, le
P. Girard, de Fribourg, quand il a dit : *Les mots pour
les pensées, les pensées pour le cœur et la vie.*

Rien de plus vrai, et vous le constaterez vous-mêmes
si vous vous donnez la peine d'observer : partout, sans
exception, on pense et l'on agit comme on aime. Il
existe un proverbe, et vous savez que les proverbes
sont la sagesse des nations, qui est une répétition va-
riée de cette vérité : « Dis-moi qui tu fréquentes (c'est-
à dire qui tu aimes) et je te dirai qui tu es. » Et encore
tous les jours ne peint-on pas un homme quand on dit :
« Il aime sa famille ; » « il aime l'honneur ; » — ou bien :
« Il aime le plaisir ; » « il aime à boire. » Aimer, c'est
donc être, et dire ce que l'on aime, c'est dire ce que
l'on fait.

Ne perdez pas de temps, alors, pour apprendre à vos
élèves à aimer ce qui est beau, bon, élevé, généreux,
noble. Et enseignez-le par le seul moyen qui soit vraiment persuasif : en prouvant, par vos actes, que vous
l'aimez aussi vous-mêmes.

Quant aux besoins de l'intelligence, quelque nombreux qu'ils paraissent, ils sont tous contenus dans ce
seul mot : *Apprendre!* Oh non pas, bien sûr ! apprendre
avec larmes, fatigue et ennui, comme on y oblige d'ordinaire les enfants ; mais apprendre naturellement,
gaiement, avec attrait et plaisir, comme le petit oiseau,
sortant du nid, apprend à voler ; comme l'enfant qui
naît apprend, par un secours divin et un libre pen-
chant, à saisir le sein de sa mère. Si le bonheur de

connaître, de posséder, est plus grave et convient mieux à l'homme fait, le plaisir d'apprendre, de découvrir, est plus vif, et convient admirablement à l'enfance.

Ici, je demande la permission d'ouvrir une parenthèse.

Un journal, d'ailleurs très bienveillant pour moi, en reproduisant l'analyse d'une de mes conférences, m'a fait dire qu'il fallait *amuser* les enfants. Je ne crois pas avoir prononcé ce mot; si je l'avais dit, mon expression aurait trahi ma pensée. Non, il ne faut pas *amuser* les enfants; il faut les *intéresser*. Il ne faut pas faire de l'école un lieu d'amusement, mais un lieu de travail sans efforts, sans tristesse; au contraire, plein de charme et d'*intérêt*, ce qui est beaucoup plus facile que certaines personnes ne le pensent. J'ai été pendant neuf années institutrice de salle d'asile : et à ceux qui prétendraient que les enfants ne peuvent trouver de charme au travail, j'aurais le droit de répondre : Vous ne connaissez pas les choses dont vous parlez. Il faut donc attirer les enfants au travail, non par l'espoir d'une récompense ou la crainte d'une punition, mais par les ressources que le travail contient en lui-même. Cet intérêt ne peut être confondu avec l'amusement. L'un est la vie de l'esprit, l'autre n'en est que la fantaisie.

Je ne m'étendrai pas sur les diverses branches d'enseignement donné dans les écoles. Je ne vous dirai qu'un mot d'une occupation usitée dans les salles d'asile et qui plaît particulièrement aux enfants : le dessin.

Quand un enfant ouvre un livre, la première chose qu'il fait, ce n'est pas de regarder les pages écrites, mais de regarder s'il y a des images. Pourquoi ce premier mouvement, si général et si certain ? Parce que es petits caractères noirs des pages ne disent rien à 'enfant qui ne sait pas lire, tandis que les images, qu'il sache lire ou non, lui disent toujours quelque chose.

Il y a, dans toutes les organisations jeunes, un ressort d'une puissance telle qu'aucun autre ne peut lui être comparé. Ce ressort, dont tout le monde à peu près a

su dire du mal, personne que je sache, n'a songé à en
tirer convenablement parti. Oh ! ce n'est pas de
l'amour-propre qu'il s'agit ! L'amour-propre est d'une
perfidie odieuse : quoi qu'on espère et s'imagine de lui,
il ne fait, en définitive, que des dupes et des victimes.
Non, je veux parler de l'imagination. J'aurais à en parler longtemps si je voulais vous faire voir la part
qu'elle a dans notre vie tout entière. Le temps m'oblige
à m'en tenir au point de vue spécial du dessin.

Cette imagination est si vive, si intense chez le petit
enfant, qu'elle suffit à lui créer non seulement des fan-
tômes qui l'effrayent, mais les objets les plus riants, les
plus conformes à son ambition et à ses changeants désirs.

Dans les dessins les plus informes, il reconnaît ce
qu'il a déjà vu, ce qu'il éprouve l'envie de voir encore.
Je ne me permettrai pas de vous faire ici le moulin, la
maison, le cheval ou le bonhomme des enfants. Le *bonhomme !* Vous le connaissez tous, un rond pour la tête,
avec deux points pour les yeux un trait vertical pour
le nez et un trait horizontal pour la bouche. Des bâtons
en long et en travers pour le corps, les jambes et les
bras. Les doigts représentés aussi par des bâtons tout
droits et d'une longueur disproportionnée. Puis, un détail qu'ils n'oublient jamais : la canne et la pipe. C'est
horrible comme dessin ; mais c'est naïf et sincère
comme pensée. Cela fait rire ; et au fond cela touche,
parce qu'on y reconnaît l'effort d'une intelligence à la
recherche du vrai.

L'enfant ne voit point les rapports ; il ne sait pas
comparer ; il ne sait encore bien qu'une seule chose,
se souvenir. Et il aime ses dessins, parce qu'ils sont,
pour sa jeune imagination, la représentation de ce qu'il
a vu, la fixation de ses souvenirs.

C'est cette même fidélité de souvenirs et d'imagination qui fait tant aimer aux enfants les histoires racon-
tées plusieurs fois. Chaque récit est un plaisir renou-
velé, et si un détail est oublié par le narrateur, l'enfant

l'y rappelle avec une rigoureuse ponctualité, parce qu'il ne veut rien perdre de ses plaisirs.

Et qu'y a-t-il de plus favorable pour le souvenir que le dessin ? Si vous voulez donner à vos enfants quelque notion utile, leur faire quelque description d'objets ou d'instruments, leur décrire un pays, une personne ou une chose quelconque, est-ce que votre parole peindra jamais comme un tableau, non seulement à l'esprit des enfants, mais au vôtre même ?

M. Dufresne vous le disait dernièrement : *Le dessin, c'est une langue.* Et j'ajoute : c'est la plus expressive des langues ! On dit que les oreilles sont le chemin du cœur : disons aussi que les yeux sont le chemin de l'intelligence.

Voilà, je pense, assez de raisons pédagogiques pour vous engager à introduire l'étude du dessin dans vos écoles, sans qu'il soit nécessaire d'appeler votre attention sur les avantages de cet art au point de vue professionnel. Aujourd'hui, vous le savez, un ouvrier qui ne sait pas dessiner n'est plus qu'un simple manœuvre. Habituez donc vos élèves à manier le crayon comme la plume. Apprenez-leur *à voir* ce qu'ils regardent, à comparer entre elles les diverses parties des objets, à négliger les petits détails, qui ne se voient pas à distance, et à s'appliquer aux proportions, qui seules donnent l'ensemble et la véritable forme. Ayez dans vos classes beaucoup d'objets variés, beaucoup de choses usuelles à dessiner d'après nature ; et, en outre, beaucoup d'images, mais de belles et bonnes images, et jamais de grotesques ni de caricatures ; cela fait dévier le sentiment ! Le grotesque est une décadence du goût et de la pensée ! Rien ne sera jamais *trop beau* ni *trop élevé* pour les enfants. Pour ces esprits encore neufs, ces pages encore blanches, sur lesquelles il s'agit d'imprimer un prototype de beauté, de noblesse et de vérité !

Les tableaux auront en outre, pour effet, d'embellir et d'égayer à peu de frais votre demeure. Cet avantage,

auquel on songe trop rarement, n'est pourtant pas,
certes, à dédaigner. Savez-vous à quel point l'influence
du local, l'aspect des objets extérieurs se fait sentir sur
la santé, l'esprit, le caractère ? Si vous ne le savez pas,
écoutez ce qu'en dit un livre publié à la fin du dix-septième siècle, et traduit dans toutes les langues, après
avoir été gardé en portefeuille pendant plus de dix
années par l'auteur, qui eut la rare conscience de le
mûrir, de le méditer, de vérifier ses propres assertions
pendant ce long espace de temps :

« Comme le cerveau des enfants est plus tendre, et que
tout leur est nouveau, ils sont vivement frappés des objets
sensibles qui les environnent, et y sont continuellement
attentifs. Ces premières impressions sont si fortes qu'elles
forment souvent les mœurs pour tout le reste de la vie.

« De sorte que, qui serait assez heureux pour joindre
des sensations agréables aux premières instructions que
l'on donne des choses utiles pour les mœurs, ou pour la
conduite de la vie ; en un mot, de joindre le bien véritable
avec le plaisir, aurait trouvé le secret de la meilleure éducation ; et je ne vois point d'impressions qui y con-
viennent mieux que celles que procurent la vue des beautés naturelles, des ouvrages de la peinture et de l'architecture, la symétrie, les figures et les couleurs. Comme la
vue nous fait rapporter au dehors toutes ses impressions,
ses plaisirs ne nous portent qu'à admirer et aimer les
objets, et non pas à nous estimer nous-mêmes.

« Je voudrais donc que la première église où l'on porte
un enfant fût la plus belle, la plus claire, la plus magnifique ; qu'on l'instruisît plus volontiers dans un beau jardin ou à la vue d'une belle campagne, par un beau temps,
et quand il serait lui-même dans la plus belle humeur. Je
voudrais que les premiers livres dont il se servirait
fussent bien imprimés et bien reliés ; que le maître lui-
même, s'il était possible, fût beau, bien fait de sa personne, propre, parlant bien, ayant un beau son de voix,
un visage ouvert, agréable en toutes ses manières ; et
comme il est difficile de rencontrer ces qualités jointes
aux autres plus essentielles, je voudrais du moins qu'il
n'eût rien de choquant Le peu de soin qu'on a de s'ac-
commoder en tout ceci à la faiblesse des enfants, fait
qu'il reste à la plupart de l'aversion et du mépris pour

toute leur vie de ce qu'ils ont appris de gens chagrins ou maussades : et que le dégout des écoles publiques, quand ce sont de vieux bâtiments qui manquent de lumière et de bon air, passe jusqu'aux études. »

Voilà ce qu'écrivait en 1675, l'abbé Claude Fleury, qui était une grande autorité. Mais il y a une autorité plus grande encore que celle-là, c'est celle de l'expérience. Nous savons tous, pourvu que nous réfléchissions, que nous nous rendions compte de nos propres impressions, combien un local sombre, malpropre, mal tenu nous attriste, nous donne d'idées noires. Nous savons combien la vue d'une personne répulsive nous refoule et nous dispose à des sentiments hostiles. Et nous savons aussi combien, au contraire, notre cœur s'épanouit quand un intérieur ou une physionomie nous charme.

Est-ce à dire que les enfants soient exigeants ? difficiles à satisfaire ? Leur faut-il, en fait de demeures, des palais ? en fait de visages, ces beautés grecques antiques, dont les lignes pures, arrondies, ne laissent point percer une âme aimante, un esprit actif ? Non. Ces belles statues, la Vénus de Milo elle-même, cette merveille de l'antiquité, ne peuvent être comprises de l'enfant. Ce qu'elles disent, il ne peut encore l'entendre ; ce qu'il comprend et a besoin d'entendre, ces statues ne le lui disent pas. L'idéal, pour lui, c'est la bonté ! La beauté et la laideur, pour lui, c'est ce qui monte de l'âme et se réfléchit sur les traits !...

Puisque j'ai parlé de bonté, laissez-moi vous dire en passant, messieurs, que lorsque nous serons tous *assez bons*, nous serons tous parfaits. Alors vous ne viendrez plus écouter les conseils d'une mère de famille, vous n'en aurez plus besoin. La bonté est la lumière par excellence. Vous saurez alors aussi bien qu'elle, mieux qu'elle, ce qui lui reste à vous dire sur le plus impérieux besoin des enfants ; et, il faut l'avouer, sur celui qui nous gêne et nous importune le plus : vous avez déjà nommé tout bas, le besoin de mouvement.

Le mouvement est la première condition du développement de tout être qui a reçu le souffle de vie. Il précède la naissance, et s'il n'est pas lui-même la vie, il en est la première manifestation. Supprimez le mouvement dans l'univers, c'est la mort universelle. C'est plus que la mort ! car dans le mystérieux laboratoire de la tombe un double mouvement s'accomplit : l'un de désagrégation des parties, l'autre de retour aux gaz reconstructeurs de l'atmosphère... Il n'y a donc point de mort ; il y a partout la vie, le mouvement. Ainsi le mouvement est une loi universelle, une loi de Dieu ; et tout ce qui vient de Dieu *doit être satisfait !*

Le mouvement est aussi la loi de l'humanité. Nous marchons, nous marchons tous en avant, bien ou mal, vite ou lentement. Les flots du temps nous poussent sans que nous le sentions, sans même que nous y songions. On ne s'en aperçoit, un beau jour, qu'en jetant le regard en arrière !...

Ce regard, jetons-le ensemble, et voyons les moyens que l'homme a successivement employés pour satisfaire ce besoin de mouvement que les savants appellent le besoin de *locomotion.*

Vous connaissez le moyen de transport du petit enfant, accomplissant sa première locomotion ou son premier changement de lieu ? Moyen bien doux, véhicule bien sûr ! auquel nous revenons plus tard avec bonheur, alors que matériellement nous n'en avons plus besoin : ce sont les bras de sa mère ! Le petit enfant s'y fait un gîte, un nid, où il se sent fort et solide, et duquel il ne veut de longtemps descendre. Quand il désire atteindre un objet ou seulement changer de place, il étend son petit bras, la mère comprend son désir et le transporte où il veut.

Mais il a grandi, il est descendu des bras maternels ; il marche, et déjà le voilà qui rêve de courir ! Il lui faut maintenant... J'ose à peine vous montrer ce qu'il lui faut, ce qu'il veut, ce dont il s'empare ; pourtant... le voilà : c'est la canne de son père !

Riche d'imagination comme je vous le disais tout à l'heure, cette canne, pour lui, est une monture. Il l'enfourche; de ce ruban fait une bride, et galope !

Doux innocent ! il parle à son docile bidet comme à un ami, et ne pense pas à mal. Mais voilà le père, la mère peut-être, qui, sans y songer empoisonnant son âme aimante, lui met dans la main un *fouet*, et lui dit: frappe !...

Cruelle sottise ! détestable initiation ! quand l'innocent croit avoir sous la main un être *sensible*, lui suggérer l'idée de le faire souffrir, c'est commettre un crime!

Et puis, comme principe, quelle méprise ! Infliger la souffrance pour faire avancer ? Mais on ne réfléchit donc pas que le propre de la souffrance c'est de rendre craintif ; et que la crainte porte naturellement à reculer. C'est l'affection, c'est le bonheur, c'est l'espérance qui dilatent le cœur, donnent du courage, et poussent en avant !

Voyez, dans la vie, qui est-ce qui est brave, courageux, généreux, entreprenant, téméraire ? C'est la jeunesse ! Pourquoi ? Parce qu'elle est aimée, heureuse et qu'elle espère. Qui est-ce qui tremble, qui hait tout mouvement, qui tire en arrière tant qu'elle peut? C'est la vieillesse, parce qu'elle a souffert et qu'elle craint de souffrir encore.

Savez-vous comment les cochers russes conduisent leurs chevaux ? Ils leur parlent; et selon les paroles qu'ils leur disent, les chevaux vont au pas, au trot, ou volent au milieu des neiges ! Le fouet, aux chevaux du moins, est inconnu en Russie, et ils n'ont point d'égaux, pour la docilité et l'ardeur, parmi nos chevaux trop souvent découragés et avilis par les coups.

Et comment ne comprend on pas qu'en apprenant aux petits enfants à maltraiter les animaux, on influe sur la direction de leurs sentiments et de leurs habitudes d'une façon déplorable? L'avenir le prouve infailliblement. Et ainsi se trouvent perpétués par l'éducation, qui devrait les détruire, ces moyens de violence et de barbarie, que le cœur autant que la raison réprouve ! Non, cela n'est pas possible ! Vous vous y opposerez de toutes vos forces, messieurs les instituteurs, et vous briserez sans scrupule ces jouets, instruments de supplice, inventions détestables de l'imprévoyance et de la barbarie !

(Mme Pape casse en deux le petit fouet qui était sur la table.)

Mais l'enfant veut aller vite. Il y a en lui .quelque chose qui le pousse. Où veut-il aller ? le plus souvent il n'en sait rien. Mais c'est la loi commune : nous voulons tous et toujours avancer. Aucun de nous ne consentirait à rester stationnaire. Cette activité générale a sa raison d'être. Elle atteste, mieux que des paroles, que Dieu attire à lui l'humanité par le chemin du progrès !

Bientôt l'enfant ne se contente plus de la canne de son père, il voit passer un âne, et ce qu'il voit, il le désire. L'ambition croît à mesure que l'on grandit. Ah ! si je pouvais monter sur l'âne ! dit-il. Et voici sa nouvelle monture.

(Mme Pape pose sur la table un petit âne).

Pauvre souffre-douleur, généralement raillé, surchargé et battu ! Soyez assurés que si l'enfant grimpe sur son dos, il n'y montera pas sans être armé de l'instrument de torture que je vous montrais tout à l'heure.

Bah ! disent certaines gens, il est accoutumé à la misère.

Je regrette de n'avoir pas le pouvoir de transformer en âne ces gens-là, afin de les mettre à même de m'apprendre combien il faut de mois et d'années pour s'accoutumer à souffrir.

L'âne, c'est la patience, c'est la persévérance, la sobriété. Il n'exige qu'une seule chose, et c'est de sa part une véritable délicatesse : il lui faut à boire une eau pure. Il est courageux, laborieux, ne recule jamais devant le travail. Enfin, il était en honneur chez les Grecs, ce qui prouve que ses mérites ne datent pas d'hier.

Pourtant, il faut le reconnaître, l'âne a aussi des défauts (nul n'est parfait !), et puisque je suis en train de dire ses vérités, il faut que je l'avoue, il est entêté, routinier en même temps que fantaisiste; et trop souvent il préfère à la sage direction du devoir, la satisfaction de ses folles et soudaines idées. Comme par exemple de retourner vers son écurie bride abattue, ou de se rouler dans le sable les quatre fers en l'air, sans s'inquiéter du cavalier qu'il promène, ou des paniers de pommes qu'il porte au marché.

Il faut ajouter encore qu'il n'a aucun goût pour le progrès, et mérite jusqu'à un certain point, pour cette seule raison, le mal qu'on dit de lui dans une fable espagnole que je vais vous dire, mais dont je ne vous déduirai pas la moralité :

Un âne efflanqué, et la peau déchirée par les coups de bâton, était arrêté sur le bord d'une route. Ses reins ployaient sous le fardeau de deux lourds paniers, et l'un de ses pieds de devant, attaché à un pied de derrière, l'empêchait de se coucher ou de faire un pas.

Vint à passer une troupe d'écoliers en vacances. Les écoliers ont le cœur bon quand ils sont heureux. Ils eurent pitié de ce pauvre âne ; ils coururent à lui, le déchargèrent de son fardeau, et délièrent ses jambes engourdies. Puis ils lui dirent :

— Allons, viens avec nous t'égayer et courir à travers champs.

Mais l'âne, surpris de se sentir soulagé, inclina ses longues oreilles en avant, puis en arrière; et enfin, d'un air indécis, demanda à ses libérateurs :

— Et ma pitance?

— Ce que la providence vous enverra, nous le partagerons en frères, répondirent les écoliers. Viens avec nous!

— Et mon bât?

— Tu l'as porté assez lourd, pauvre bête, pour en être enfin déchargé. Viens!

— Et le bâton?

— Bien risqué serait le bâton qui oserait te frapper à nos côtés. Viens!

— Et mon maître?

— Au diable! tu n'as plus de maître; viens avec nous, et vive la liberté!

A ces dernières paroles, l'âne se mit à trembler de tous ses membres.

— Je vous en supplie, mes bons messieurs, dit-il humblement, ressanglez-moi ma charge sur le dos, et bien dur! Mon père et ma mère ont porté le bât; mon grand-père et ma grand'mère aussi; tous ceux de notre famille l'ont porté, tous ont été sanglés, éreintés et battus; je ne veux pas faire autrement que toute ma famille.

Les écoliers sont bavards; ils racontèrent cette aventure; et il est probable que c'est depuis ce jour que l'épithète d'*âne*, qui était un éloge chez les Grecs, est devenue chez nous une injure.

Après l'âne, il faut à l'enfant un cheval. Voici l'animal qui est moins l'ami de l'homme que la moitié du cavalier.

(Madame Pape montre un cheval.)

Quel bonheur pour un enfant la première fois qu'il monte en croupe derrière son père! Il se croit homme déjà : il se sent dominateur! Mais plus heureux encore dans l'avenir s'il n'a à employer de ce docile animal que les qualités pacifiques! s'il n'a à le guider que dans les champs du travail, et jamais dans ceux du combat!...

Dans les pays où il n'y a pas de chevaux, Dieu a donné à l'homme d'autres serviteurs, tels que le chameau qui transporte les marchandises et les voyageurs à travers les déserts brûlants de l'Afrique, emportant pour lui-même, dans une cavité particulière de son estomac, des provisions pour six ou sept jours; le renne, qui, attelé à un léger traîneau, emporte le Lapon et l'Esquimau à travers les solitudes glacées du pôle.

(Mme Pape place un chameau et un renne à côté du cheval.)

Quelle différence entre les formes de ces trois animaux habitant les latitudes les plus opposées du globe : la zone torride, la zone glaciale, et, entre elles, notre zone tempérée. Leurs qualités, leur tempérament ne sont pas moins différents que leurs formes. On voit que le Créateur les a constitués chacun en raison du milieu où ils devaient vivre. Essayez de les transporter, d'acclimater le renne au midi, et le chameau au nord, et imaginez ce qui arriverait ?

Eh ! quelles belles occasions de leçons de choses que les jours de fête des villages ! les jours de foire dans les grandes villes, le jour de l'an partout ! Ces jours où les enfants rentrent chez eux chargés de jouets, auxquels vos interprétations donneront un intérêt de plus.

Pour les transports en commun, en voici un, le plus rustique de tous, qui permet au moins de partager le plaisir avec de nombreux compagnons. C'est une fourragère, solide et vaste charrette des cultivateurs. Au temps des récoltes, elle s'en va aux champs, pleine de joyeux marmots qui rient aux passants à travers les barreaux comme de petits amours en cage ; et s'en revient à la ferme, chargée de lourdes gerbes ou de foins odorants. La fourragère, c'est le char triomphal de l'agriculture. Un grand peintre de l'école française, Léopold Robert, lui a donné ce titre de noblesse dans l'un de ses plus magnifiques tableaux : *les Moissonneurs*.

Mais à la ville, où il y a moins d'intimité et plus de cérémonie, il faut des voitures moins grandes, et surtout plus confortables. Il y a les voitures des gens riches, bien posés, qui font des visites : la calèche, le coupé.

En voici un autre qui est la voiture de plaisir : c'est le *panier*.

(Mme Pape montre l'objet dont elle parle.)

On rencontre celle-là l'été, aux bains de mer, aux courses, dans tous ces lieux de plaisir où l'on dépense beaucoup d'argent ; où l'on dépense en un jour l'argent

qui suffirait à faire vivre une famille pendant un mois!
On la voit, cette voiture, passer rapide comme le vent,
et poudroyant au soleil, sans se soucier, non plus que
ceux qu'elle emporte, du sillon qu'elle laisse tracé derrière elle!... Le maître et le valet peuvent seuls y trouver place. C'est la voiture de l'égoïsme : passons!

Que j'aime bien mieux celle-ci!

(Mme Pape montre un omnibus.)

L'*omnibus!* un nom latin qui signifie : *pour tout le
monde. Pour tout le monde*, à la bonne heure! C'est ce
qu'il faut aujourd'hui! Le bien-être n'est pas une chose
que les uns doivent niaisement dédaigner, ni les autres
exclusivement s'approprier. Le bien-être est la somme,
la résultante des progrès accomplis depuis le commen-
cement du monde. Et comme les progrès sont collectifs,
c'est-à-dire l'œuvre de tous les hommes, il est juste que
tous ayant contribué à établir le bien-être, tous parti-
cipent aux avantages qu'il procure. Il faut que, peu à
peu, le bien-être descende sur la masse des hommes. Ce
n'est plus, à l'heure où nous sommes, qu'une affaire de
bon marché par l'association. La preuve, la voilà : c'est
cette commode voiture, cet omnibus où, pour ses modestes trente centimes, chacun peut aller à ces affaires.

Toutefois, quand il s'agit d'aller loin, d'aller vite surtout, l'omnibus n'est pas précisément le moyen de
transport qu'il faut prendre. En voici un autre qui l'emporte de beaucoup, non seulement sur ce véhicule, mais
sur tous les précédents.

C'est un train de chemin de fer. C'est la vapeur, c'est
la foudre!

On en fait un jouet de cette terrible machine qui fait
dix et vingt lieues à l'heure! Qui broie le corps d'un
bœuf comme notre pied un grain de mil! De cette brute
formidable, dont le souffle ressemble au tonnerre, et
qui, dans ses accès de fureur, fait sauter en l'air des
wagons et des hommes, comme un jongleur indien ses
billes d'ivoire!

Ces terribles catastrophes, tout le monde les sait, et cependant tout le monde va en chemin de fer. Vous y êtes venus, messieurs, et vous vous en retournerez de même. C'est qu'il y a un instinct supérieur à toutes les craintes, qui pousse invinciblement les hommes les uns vers les autres. Cet instinct vient d'en haut. Vous avez bien fait d'y obéir, car c'est l'instinct de la fraternité!

Les chemins de fer sont aussi un puissant moyen de civilisation, et finalement, qui dit civilisation dit bonheur, car le bonheur des hommes doit être le dernier mot de la civilisation.

Cependant, je l'avoue, ce n'est pas sans éprouver un certain sentiment de reconnaissance que je vois encore de temps en temps passer quelqu'une de ces vieilles voitures.

(Mme Pape montre une petite diligence.)

Vous allez dire que j'ai les goûts du siècle passé? Pas le moins du monde. Mais la première fois que je suis venue à Paris, c'était dans l'une de ces diligences. Nous mîmes vingt-sept heures pour faire soixante lieues! Nos aïeux avaient le coche, qui voyageait moins vite encore. Il leur fallait huit jours pour venir d'Auxerre à Paris. Et quand ma grand'mère, qui était fabricante de *point* à Alençon, venait vendre ses dentelles à la cour de Versailles, elle mettait ordre à ses affaires et faisait son testament.

Les diligences ont donc été un grand progrès. Et il ne faut jamais être ingrats. D'abord parce que l'ingratitude par elle-même est affreuse, ensuite parce que, étant l'oubli d'un bienfait dont on a joui dans le passé, elle porte avec elle sa punition, en amoindrissant des trois quarts la valeur du bienfait dont on jouit dans le présent.

Si l'on veut rapprocher ainsi les notions d'un même ordre, relier l'une à l'autre, par leurs chemins naturels, les étapes de l'industrie dans la voie du progrès, il deviendra facile de conclure que ce progrès s'accélère dans sa marche géométriquement, comme la vitesse dans la chute des corps. Et l'on comprendra que, si le progrès moral est poursuivi et accéléré de même, le règne de la désolation et de la souffrance sera bientôt fini !

Les jalons de la marche du progrès ce sont les noms des savants, et des hommes de génie qui ont fait des découvertes heureuses, ou introduit des améliorations profitables au grand nombre. Tel est, au dix-septième siècle, pour la vapeur, celui de Denis Papin, dont la constante énergie communique tant de courage, et dont la triste histoire suggère tant de réflexions !

Dieu a créé l'Univers, et il a dit à l'homme : *observe* et *imite.*

Et en effet, l'homme ne crée ni n'invente. Il observe, et il combine pour son propre bien les résultats de ses observations.

Et cela est aussi vrai du savant, de l'homme judicieux et expérimenté, que du sauvage qui, caché dans les broussailles, imite la voix des animaux pour attirer ou surprendre sa proie.

Mais l'homme, poussé par l'attrait du mouvement, sera-t-il emprisonné sur la terre ferme?

Cet Océan, dont les vagues présomptueuses viennent, deux fois par jour, jeter leur défi à l'habitant des côtes comme pour lui dire : tu n'iras pas plus loin ; cet Océan ne sera-t-il pas à son tour dominé et subjugué par le roi de la terre?

Oui ! *roi de la terre*, par la meilleure et la plus légitime des royautés, celle de l'intelligence et du cœur !

Si ! l'Océan lui-même sera subjugué et conquis par ce je ne sais quoi qui est un instinct, et plus qu'un instinct, par cette aspiration qui fait le génie : l'aspiration vers l'infini, la soif de l'inconnu !...

L'homme encore sauvage s'est incliné sur le bord des fleuves. Peut-être pour y boire dans le creux de sa main?

Il a vu, à travers les eaux transparentes, des poissons

se mouvoir avec une facilité gracieuse. Il a vu les feuilles des arbres tomber à l'automne, et flotter légèrement au fil de l'eau...

Il a observé, il a réfléchi, il a combiné ; et bientôt l'Océan a été contraint de porter sur ses flots, dans un canot fait de l'écorce d'un arbre, un sauvage, soit, mais un sauvage qui était un *homme !*

Voici la pirogue primitive, ébauche de poisson fabriquée de main d'homme, dont les rames rustiques sont les nageoires et le gouvernail.

(Mme Pape montre cet objet).

Puis, ayant fait cette pirogue, l'homme a remarqué que si le poisson nage, l'oiseau vole. Il a vu que les oiseaux avancent dans l'air, tantôt en le frappant de leurs ailes comme de deux rames ; tantôt en étendant leurs ailes, et se laissant porter mollement dans l'espace, ne prenant souci que de diriger leur essor.

Vous le savez, il y a des oiseaux rameurs et des oiseaux voiliers. L'hirondelle, la buse sont des voiliers ; le pigeon, le moineau sont des rameurs. Ces connaissances-là sont à la portée de l'enfant, il n'a besoin que de ses yeux pour les acquérir, et d'une agréable provocation du maître pour s'y intéresser.

L'homme a donc remarqué le vol de l'hirondelle, et il a inventé ceci.

(Mme Pape montre un navire.)

Le navire à voiles, si élégant ! L'amour des matelots ! Image de l'ambition aventureuse. Qui, comme elle, tourne sa voile du côté d'où vient le vent ; et quelquefois, comme elle aussi, est tourmenté, battu par la tempête, et brisé aux écueils !

Car tous les navigateurs n'ont pas, comme Christophe Colomb, le bonheur glorieux de trouver au bout de leur course un nouveau monde !

Et maintenant, voilà le bateau à vapeur, plus modeste que le bâtiment à voile, mais d'une marche plus égale, plus rapide ; et sûr ?... autant que quelque chose peut l'être, dans un monde où il n'y a de sûr que nos devoirs et la justice de Dieu.

Vous connaissez tous l'histoire de Fulton, et de son premier voyage de New-York à Albany, en 1807. Et vous pourrez, par cette histoire, apprendre à vos enfants que les meilleurs succès ne sont pas ceux qui s'obtiennent le plus facilement ni le plus vite.

Mais quoi! la terre et l'eau, le globe *seulement* sont conquis à l'homme?

Pourquoi pas le ciel aussi?

Et l'insatiable, méditant en lui-même, se dit :

« Si la barque, plus légère que l'eau, flotte sur l'eau, pourquoi une autre barque. plus légère que l'air, ne flotterait-elle pas dans l'air? »

Et croyant avoir tout observé, il fait ce léger vaisseau aérien que vous savez : le *ballon*, l'aérostat.

Et le ballon, peu à peu gonflé d'un gaz élastique, tend les cordages qui le retiennent comme s'il voulait les rompre. Les cordages cèdent enfin, le ballon s'élance dans les couches supérieures de l'atmosphère, et le théoricien triomphant s'écrie :

« L'espace est à moi!...

« J'interrogerai ses mystérieuses profondeurs. Je l'explorerai du sud au nord, de l'est à l'ouest. J'irai voir face à face les splendeurs de l'immensité. J'irai jusqu'où me porteront ma fantaisie et mon besoin de connaître. Adieu, terre! adieu, rudes chemins, cahots, accidents, boue et poussière! L'espace est mon domaine, les rayons du soleil sont mes sentiers!... Désormais l'homme a des ailes!... »

Mais... l'*expérience* muette et inexorable trahit l'aéronaute, et son beau rêve s'envole !...

Oui, rêve aujourd'hui encore, mais qui sait? demain peut-être réalité. La science, c'est la face dévoilée de Dieu. Qui l'aime et la cherche tôt ou tard la découvre!

Mais à quelque degré de perfection qu'il soit réservé à l'homme, dans l'avenir, d'améliorer ses moyens de transport, il en est un dont il n'égalera jamais la commodité, la sûreté, l'économie, l'agrément et la durée.

Ce moyen de transport, incomparablement supérieur à tous les autres, le voici!...

(Mme Pape pose sur la table une petite paire de jambes chaussées de bas et de bottines d'enfant. Tout le monde rit.)

C'est le premier qui soit accordé à chacun de nous, comment se fait-il que ce soit le dernier qui nous vienne à la pensée?

Pourtant celui-là est l'appareil locomoteur par excellence. C'est lui qui semble avoir servi de type à tous les autres. Voyez comme ses mouvements sont nettement déterminés. L'aile de l'oiseau, la nageoire du poisson, en s'appuyant sur l'air ou sur l'eau pour s'élancer en avant, ne nous montrent pas la netteté et la précision du pied de l'homme prenant son point d'appui sur la terre.

Nous allons chercher nos véhicules bien loin; nous y payons nos places bien cher; tandis que celui-ci, utile et modeste présent de Dieu, ne nous coûte rien; nous procure, surtout aux petits enfants, des jouissances sans nombre; et, de même que les petites vertus, est pour chacun de nous un bien-être de tous les instants.

Et c'est précisément celui-là que nous allions oublier!

Nous sommes des enfants bien distraits! Sans doute plus distraits qu'ingrats. Espérons que « cela ne nous arrivera plus. »

Je ne terminerai pas, messieurs, sans tirer une moralité de tout ceci:

Comme l'eau des nuages, tombée sur les montagnes, cherche de vallée en vallée la mer, son origine et sa fin : de même l'esprit de l'homme, emprisonné sur la terre, cherche à travers les siècles, de progrès en progrès, Dieu, son idéal, son abîme divin!

Il y atteindra! que cette certitude vous donne, pour avancer, la foi et la force!

A l'Exposition du champ de Mars, nous avons lu

dans l'École d'Amérique cette fortifiante et religieuse devise :

« Plus haut, encore plus haut, toujours plus haut ! »

J'en traduis la pensée dans le sens qui convient à notre profession, et je vous dis en vous quittant, messieurs, comme je me le dis à moi-même : Dans la carrière si belle et si longue de l'éducation où nous marchons ensemble, ayons un même mot de ralliement, et une même ambition :

« Mieux, encore mieux ! toujours mieux !...

CINQUIÈME CONFÉRENCE[1].

Séance du jeudi 19 septembre.

MESSIEURS,

La première promesse, la promesse la plus solennelle qui ait jamais été faite à l'homme, c'est celle que le salut du monde sortirait d'un berceau.

Je me permettrai d'étendre le sens de cette promesse ; de l'appliquer à notre jeune et vaillante instruction primaire. Et je ne crains pas, en faisant cette application, que personne m'accuse de faire déroger la parole divine.

Oui, le salut, ou, si vous voulez, l'immense progrès, la rénovation de l'instruction primaire, sortira de la salle d'asile, qui est devenue aujourd'hui son légitime berceau.

Qu'était autrefois, dans la haute antiquité, la *science*, dont la lecture et l'écriture de quelque genre qu'elles fussent, ont toujours été l'indispensable préface ?

Vous le savez : elle était, au milieu de mille nuages, mystérieusement cachée dans le sanctuaire des temples païens. Les mages de l'Asie, les prêtres de l'Égypte,

1 Quatrième série d'instituteurs.

les philosophes de l'ancienne Grèce, en étaient les ja-
loux possesseurs, ou les dépositaires sacrés.

Lorsqu'un jeune homme des classes élevées voulait
avoir sa part du précieux trésor, il lui fallait subir de
longues initiations, des épreuves parfois terribles!
Quant à la foule, vil troupeau bon à fouiller la terre, son
seul désir à cet égard eût semblé un sacrilège.

Mais ce désir se manifestait-il? Le peuple d'alors en
proie à l'esclavage, était si rudement courbé et asservi,
qu'il n'avait pas même le pressentiment que là, dans
cette science encore obscure et confuse, était le germe
de sa délivrance!

Chez nous, au moyen âge, la science, un peu pour-
chassée par les conquérants, trouva l'hospitalité dans
les cloîtres.

Mais entre ces murs froids et austères, elle s'impré-
gna d'une teinte sévère; et son éclat bien qu'incessamment épuré par la main laborieuse des moines, rassem-
bla à ces astres placés si loin de la terre, qu'ils n'éclai-
rent ni ne rayonnent autour de nous.

A Paris, sous Philippe Auguste, pour recevoir les
écoliers de France, de Picardie, de Normandie, d'Angleterre et d'Allemagne, il y avait TROIS ÉCOLES!

Mais, au quinzième siècle, Guttemberg achève l'invention de l'imprimerie.

Au dix-huitième, la Constituante décrète des lois
d'instruction publique qui laissent des traces dans les
esprits.

Au dix-neuvième, l'empereur Napoléon Ier crée la
nouvelle Université.

Enfin, de nos jours, on proclame les lois du 28 juin
1833 et du 10 avril 1867!

Voilà donc le peuple *presque* tout entier relevé de
son interdit!

Voilà la science tirée de son obscur sanctuaire, et
amenée au grand jour, sous les regards de la foule.

Mais sous quel aspect étrange! empesé! prétentieux!

parut-elle au début? Elle portait le costume que lui
avaient fait les siècles ; costume vieilli, étroit, étroit surtout ! défigurant et blessant cette belle Science, qui toujours grandit et se développe dans son éternelle jeunesse !

Aussi, quand les jeunes garçons de huit à douze ans
furent amenés à l'école, et mis en présence de la déesse
si tristement affublée, ils la prirent aussitôt en aversion. Ils poussèrent des cris, firent des quolibets, et de-
mandèrent l'école buissonnière !

On s'indigna contre eux, on les contraignit, on les
battit même, au nom des principes !...

Et quand, par la crainte ou la lassitude, on les eut
forcés à se taire, on crut avoir triomphé de leur résis-
tance : quelle méprise ! Ils ne criaient plus, non, ils
faisaient bien pis !. . ils bâillaient !...

Le tour des tout petits enfants devait arriver, et il
arriva.

L'Ordonnance royale du 22 décembre 1837 les appela
à l'asile, et là aussi, on essaya un peu, non pas partout,
mais çà et là, de leur montrer la Science en costume...
de momie égyptienne !...

Hélas ! les pauvres petits !... Eux ne se revoltèrent
point. Ils ne se vengèrent point en faisant les cornes à
leurs maîtres, — en leur versant des encriers dans leurs
poches, — en leur accrochant dans le dos des étiquettes
injurieuses. Ils ne rendirent point souffrance pour souffrance.

Les pauvres innocents ! ils se mirent à pleurer ; et
comme leurs *maîtres* étaient des femmes, des mères,
elles n'eurent point le mauvais courage de maintenir
les choses.

Ne voulant, et ne pouvant d'ailleurs supprimer la
science, une conquête qui a coûté non du sang mais
des siècles ! elles résolurent de la transformer. Elles
allèrent droit à la belle travestie lui enlevèrent une à
une ses bandelettes, ses gaînes, ses carcans. Et lorsque
les petits enfants eurent enfin aperçu son beau visage

démasqué; ses bras délivrés et tendus vers eux, ses yeux limpides et souriants, leur frayeur s'évanouit. Ils vinrent à elle, non ils ne *vinrent* pas, ils *accoururent* vers cette bonne Science redevenue elle-même, naturelle, féconde, religieuse! vers cette amie de l'humaté, cette mère de la liberté, cette révélation visible de Dieu sur la terre!

Le secret de cette transformation est bien simple. Il est simple comme la nature, comme la vérité :

Il est la nature et la vérité elles-mêmes.

Il consiste à faire regarder l'enfant par ses yeux, écouter par ses oreilles, palper par ses mains, en un mot, à faire parvenir par le moyen de ses sens, des notions à son intelligence, à l'artiste intérieur qui en fera des connaissances et des idées ; comme on fait parvenir, à l'aide de véhicules, des matériaux au constructeur qui en fera un édifice.

C'était si simple, si élémentaire, qu'il suffisait d'être aimant comme père et mère pour le découvrir.

Je ne voudrais point répéter ce que j'ai dit precédemment sur les divers procédés de la méthode naturelle qui doit être employée à l'égard de l'enfance. Je veux seulement réparer une omission , et vous signaler le boulier compteur ou boulier tableau inventé par M. Sorgius, instituteur public à Eckwersheim (Bas-Rhin).

Favorable à l'enseignement par les sens, ce boulier répond aux exigences de la méthode naturelle en ce qui concerne le calcul écrit. Vous savez tous que la grande difficulté de la numération pour les enfants, c'est la progression idéale des nombres par colonnes d'unités, de dizaines, de centaines ; par tranches d'unités, de mille, de millions; et l'emploi du zéro dans l'intérieur des nombres. M. Sorgius a rendu cette progression sensible et pour ainsi dire palpable, en peignant sur le milieu du tableau devant lequel glissent les boules, trois bandes verticales de couleur différente. Au haut de chaque bande il place soit la lettre

initiale de l'espèce d'unités qu'il veut représenter, soit
un U — un D — un C ; soit les noms de chaque
tranche, *unités*, *mille*, *millions*. On comprend qu'une
place étant marquée pour chaque chiffre, il devient
facile aux élèves de mettre chaque chiffre à sa place.
Par exemple, le nombre 100.011.002 où échoueraient
un grand nombre d'écoliers, n'est plus qu'un jeu avec
le boulier-tableau de M. Sorgius.

En général, il faut être très-réservé à l'égard des
machines qui ont pour objet de se substituer au travail
de la réflexion. Plus elles y réussissent, plus elles sont
dangereuses. La plus parfaite des inventions pour arriver à des résultats sérieux, c'est l'emploi de notre
propre application. Puisque Dieu a donné une intelligence à chacun de nous, c'est évidemment afin que
nous nous en servions. Seulement, cette intelligence a
ses règles, ses besoins, sa manière de fonctionner.
Elle exige le concours préalable des sens ; et c'est
parce que le boulier de M. Sorgius répond à cette exi-
gence que j'ai cru bon et utile de vous le signaler.

Mais l'instruction que les enfants doivent recevoir de
leurs maîtres ne se borne point aux leçons de lecture,
d'écriture, de calcul, et en général de ce qui s'appelle
facultés scolaires.

La vie pratique a besoin, et besoin à toute heure, de
la science des choses ; aussi les *leçons de choses* se sont-
elles peu à peu introduites dans l'enseignement, où,
grâce à l'autorité de M. le Ministre de l'Instruction
publique, et à votre zèle intelligent, elles sont appe-
lées dès aujourd'hui à prendre une importance qui, je
vous le prédis, s'accroîtra chaque jour davantage.

La leçon de choses touche à tout, relie tout. Elle va
stimuler dans l'esprit les idées les plus confuses ; dans
le cœur les sentiments les plus intimes ; dans la conscience les clartés les plus indécises. La leçon de
choses n'est ni le pain qu'on mange, ni le vin qu'on
boit ; mais elle est l'air qu'on respire. Et vous le savez,

si l'enfant, comme l'homme, ne mange qu'à ses repas, il respire à toute heure.

Je voudrais réussir à vous le démontrer, et je vous demande la permission de m'imaginer pendant cinq minutes que j'ai l'honneur de vous avoir pour élèves.

J'ai préparé pour vous une leçon d'ensemble, contenant une matière multiple, afin d'élever autant que possible mon sujet à la capacité de mes écoliers.

Mais pour vous, dans le cours ordinaire de vos classes et parlant à vos enfants, une longue préparation n'est point nécessaire.

Tout peut servir de sujet à vos *leçons de choses* : un fruit, une pierre, un outil, un ustensile de ménage, une pièce du vêtement.

Il suffira d'habituer votre esprit à l'observation et à la réflexion. Vous savez que c'est une *leçon de choses* qui a révélé à Newton une des plus sublimes lois de l'univers.

Newton rêvait assis à l'ombre d'un pommier : un fruit se détache, et tombe. Newton voit la pomme rouler sur la terre. Il la suit d'un œil observateur, et il lui vient à l'idée de se demander pourquoi cette pomme s'est détachée de la branche pour tomber sur la terre ?

« Point d'effet sans cause, pensait-il, cherchons. »

Et il chercha. Il chercha avec ardeur, avec persévérance, avec CONSCIENCE ! et il trouva la loi de la pesanteur, la gravitation universelle des corps célestes ! !

Cherchez aussi, messieurs, cherchez avec ardeur, avec persévérance, avec conscience ; cherchez et vous trouverez. Newton n'a pas tout fait. Il nous a donné des lois mathématiques, vous avez à nous donner des hommes instruits et sensés.

Si vous y mettez du cœur, tout se transformera dans vos mains habiles en leçons attrayantes et fécondes, c'est-à-dire en pensées honnêtes et utiles, car toute leçon doit contenir sa moralité, comme tout fruit sa graine.

Si l'instruction n'avait pas pour résultat de nous rendre plus religieux, plus moraux, meilleurs enfin, elle ne serait plus qu'un vain plaisir de l'esprit, une curiosité dispendieuse. Elle ne mériterait, en ce moment, messieurs, ni vos peines, ni les miennes !...

Dans mes précédentes conférences j'ai pris pour sujet le pain, le vêtement, les moyens de transport.

Je voudrais aujourd'hui clore le cercle des préoccupations principales de l'humanité, et vous montrer l'homme arrivé au but que poursuit son activité incessante.

Après s'être nourri, s'être vêtu, après avoir obéi à ce besoin d'espace qui l'entraîne jusqu'aux pays les plus lointains, à ce besoin de sympathie qui le pousse d'un pôle à l'autre à la recherche de ses semblables, l'homme s'arrête ; il fonde des cités, des lois, des institutions ; et il achève sa vie dans la joie de l'œuvre qu'il a fondée.

C'est cette pensée qui m'a fourni le petit apologue que je vais livrer à vos réflexions, l'heure ne me permettant pas de le développer :

Un enfant, échappé d'un naufrage, s'éveilla un matin seul, faible, et dépourvu de tout, sur le bord d'une île vaste et inculte.

Cet enfant paraissait avoir six ans. Il languit tout le jour, errant sur cette terre inconnue, et mangeant ce qui restait du repas des oiseaux, quand ceux-ci s'envolaient, effrayés à son approche.

La nuit vint et l'effraya à son tour. Pour échapper au désert de ténèbres dans lequel il se sentait comme perdu, il se mit à gratter la terre entre deux racines d'arbre, et, les mains ensanglantées par ce rude travail, il se blottit dans sa tanière.

Pendant cette nuit, il pensa beaucoup. Il pensa à sa famille absente, et chercha à se remémorer, à travers de vagues souvenirs, les usages qu'il y avait vu pratiquer.

Cet exercice de la pensée, le fit grandir d'une façon inattendue. Quand le jour vint, sa taille avait doublé ; il avait douze ans !

Il s'éloigna dès le matin, tout engourdi de la gêne

que sa croissance lui avait imposée dans un gîte où il s'était d'abord trouvé à l'aise.

Il s'éloigna donc, et chercha sa vie aux branches des arbres. Mais quand il revint, le soir, un éboulement avait eu lieu, sa tanière était comblée.

« Je vais faire mieux, » dit-il.

Alors il se mit à casser des branches, les planta dans le sol, les entre-croisa solidement, et s'en fit une hutte large et commode.

Se trouvant mieux, il pensa moins, et grandit moins aussi. Le lendemain, la faim le poussant, il aiguisa des pierres, s'en fit des armes et devint grand chasseur.

Mais le temps des pluies arriva, et un jour, en revenant vers sa hutte, chargé de victimes, le chasseur ne retrouva plus qu'un amas de branchages pourris, jonchant le sol.

« Je ferai mieux, » dit-il.

Il avait alors dix-huit ans.

Il cousit ensemble les peaux des bêtes qu'il avait tuées, et s'en fit une tente, solidement attachée à de forts pieux plantés en terre.

Alors, confiant en ses forces qu'il sentait croître avec l'exercice, et aussi poussé par je ne sais quelle aspiration élevée et douce qui s'éveillait dans son âme, il s'aventura jusqu'aux confins de son île ; cherchant.... sans pouvoir se rendre compte à lui-même de ce qu'il cherchait.

Un jour, il parvint jusqu'à un coteau où la vigne, artistement disposée en festons, et chargée de grappes pesantes, attestait par sa belle culture le travail et l'expérience. Bientôt notre jeune homme aperçut, sous un berceau de roses sauvages et d'immortelles, deux vieillards, un homme et une femme, qui se reposaient et causaient, en regardant au loin, avec un sourire d'amour, leur enfant, une belle jeune fille.

L'intelligence du jeune homme s'illumina soudain, et il vit clairement ce qu'il avait à faire.

Il s'approcha des vieillards, les interrogea avec un

respect filial ; et chacun lui apprit ce qui pouvait lui être utile. Puis ils l'emmenèrent dans leur demeure.

L'homme lui dévoila les premiers éléments des sciences, lui donna des outils, et lui dit :

« Sois juste, sois fort, et travaille pour ceux qui viennent. »

La femme baigna ses pieds fatigués par la marche et la poussière, et elle lui dit :

« Aime ton Dieu, sois bon, et apprends la pitié. »

Mais elle ne lui révéla pas ce qu'il y avait de meilleur au fond de son âme : elle ne partagea ce précieux trésor qu'avec sa fille.

Le jeune homme s'en retourna transfiguré.

La connaissance et l'amour de ses semblables l'avaient amené, d'un seul élan, à la plénitude de son être.

Il avait atteint vingt-cinq ans !

Pour lui, désormais, le passé et le présent pâlissaient devant l'avenir entrevu !

Lorsqu'il approcha du lieu dont il avait fait sa demeure, il ne retrouva plus sa tente.

L'orage avait grondé dans sa solitude, et sa tente avait été emportée par les vents.

Mais alors il était instruit, prévoyant : il aimait et il espérait !

« Je vais faire mieux qu'une tente, » dit-il.

Il chercha parmi les outils que le vieillard lui avait donné, saisit un pic (Mme Pape montre successivement les divers objets qu'elle nomme), creusa profondément la terre, et en tira cette pierre, ce moellon, avec lequel il construisit quatre murs. (Mme Pape pose sur la table les murs d'une maison.)

Il reprit son pic, creusa la terre sur un autre point, ouvrit une mine, et en tira le minerai de fer que voici. Il le mit dans une fournaise ardente où le minerai fondit, et coula de la fournaise comme une lave de feu.

Ce minerai fondu, cette fonte refroidie, la voici.

Mais elle était cassante, et il la lui fallait solide.

Que fit-il? Il eut recours au travail. Le travail est son meilleur moyen, toujours!

Il alluma de nouveau le feu, dieu de l'industrie ; il y plongea la fonte, et il l'épura à grands coups de marteau.

Qui de vous n'a vu flamber la forge? Qui de vous n'a entendu le bruit cadencé des marteaux sur l'enclume?...

(A ce moment on entend s'élever le chant d'un groupe d'enfants conduits par M. Delafontaine, tous les regards se tournent vers le point de la salle où ils se trouvent.)

REFRAIN.

Pan, pan, pan, la forge fume,
Pan, pan, pan, vite au fourneau,
Pan, pan, pan, battons l'enclume,
Pan, pan, pan, le fer est chaud.

COUPLETS.

Amis, le fer et la vapeur
Iront, bravant la terre et l'onde,
Faire bientôt le tour du monde
Et soulager le travailleur. (Pan, pan....)

Battons le fer pour nos maisons,
Pour nos fabriques, nos usines ;
Battons-le bien pour les machines
Qui doivent traîner nos wagons. (Pan, pan....)

Étendons les chemins ferrés
D'un bout à l'autre de la terre ;
Pour hâter l'avenir prospère
Au travail soyons toujours prêts ! (Pan, pan.. .)

Avec le fer et le métal
Élevons des palais immenses,
Où les peuples, pleins d'espérances,
S'uniront pour vaincre le mal. (Pan, pan... [1])

(Des applaudissements unanimes succèdent à ce chant très bien exécuté. Mme Pape reprend :)

Et voici la fonte devenue du fer forgé.

Avec ce fer le jeune homme fait un plancher, un étage à sa maison, et il en double ainsi l'espace habitable.

(Mme Pape montre un plancher en fer peint au minium et le pose sur les murs.)

---

1 Extrait des *Récréations instructives,* publiées sous la direction de M. Jules Delbruck.

Mais il faut s'abriter contre la pluie. Il prend sa co-
gnée, va dans la forêt, abat chênes et sapins, et fait la
charpente que voici : charpente si habilement fabriquée,
calculée, que l'artisan, ici, touche au savant et à l'artiste.

Sur cette charpente, il pose un vêtement léger,
mais impénétrable à la pluie, une couverture d'ar-
doises, que lui a fournie encore le sein inépuisable de
la terre, sa bonne nourrice.

(Mme Pape pose la toiture sur la charpente.)

Et le jour où, sur la cheminée de cette demeure,
œuvre de ses mains, notre jeune homme posa un bouquet en signe de réjouissance (Mme Pape pose le bouquet),
ce jour-là il retourna chercher la compagne que la sagesse
des vieux parents avait formée au bien, et il se maria.

La demeure était bâtie, et la famille était fondée!...

A la femme l'intérieur de cette maison! A elle l'économie domestique, la sécurité du mari, l'éducation des
enfants, le bonheur de tous!...

Et voilà, messieurs, que si vous étiez une classe de
jeunes filles, je me laisserais entraîner à vous développer une nouvelle et riante leçon de choses !

Avec quel intérêt nos enfants regarderont désormais
les modestes outils dont l'artisan se sert pour constuire
nos demeures !

Ce pic, image du labeur obscur et dévoué.

Cette truelle infatigable qui, incessamment, passe et
repasse pour consolider ou adoucir.

Cette équerre, emblème de la justice.

Ce compas, emblème de la science.

Ce fil-à-plomb, qui, à quelque point que ce soit du
globe, indique à nos œuvres, d'un côté la terre, de
l'autre le ciel!...

Tous ces instruments, dis-je, sont devenus des amis,
qui parlent à nos yeux, et nous font penser de saines
choses !

Il me resterait à vous parler du ressort indispensable de l'éducation : de l'*affection* qui doit régner entre

les maîtres et leurs élèves, sous peine de voir tous leurs efforts rester stériles. Mais sans doute cette haute vertu pédagogique, l'affection, se fait apprécier aussi dans les écoles, et alors l'expérience vous en a appris autant qu'à moi sur ce sujet. Je ne voudrais pas perdre le temps à prêcher des convertis : ce serait indiscret et impoli.

Laissant donc le fond comme démontré, je vous dirai un mot seulement de la forme, du *ton* de nos élèves et de nous mêmes, dans nos rapports avec eux et entre eux.

Le *ton*! la politesse! cela ne semble rien et cela est presque tout. Dans toutes nos dissensions, nos querelles, dans la famille, la rue, partout! j'ai toujours observé qu'il y a moins de méchanceté que d'impolitesse.

« On nous vole à Paris comme ailleurs, me disait un jour un Américain, mais on nous vole avec tant de politesse, qu'on aurait envie de remercier le voleur! »

Voilà encore ce que disait un des plus excellents juges que je connaisse en éducation, un philosophe, un Anglais, Locke :

« Pour qu'un jeune homme de bonne maison devienne bien élevé et poli, il faut que son gouverneur soit bien élevé et poli lui-même.

« La politesse est un art qu'on ne peut apprendre ni enseigner par le moyen des livres. Un tailleur peut habiller un jeune homme à la mode, et un maitre de danse donner de la grâce aux mouvements de son corps. Mais ces deux choses qui contribueront sans doute à relever son extérieur, ne le rendront jamais poli. Vous ne devez même pas attendre cet effet de la science, qui, si elle est mal administrée, ne servira qu'à le rendre plus impertinent et plus insupportable. C'est la politesse dans le langage et les manières qui donnera du lustre à toutes ses bonnes qualités, et qui les rendra utiles à lui-même en lui attirant l'estime et la sympathie de tout le monde. Mais s'il manque de politesse, tous ses talents ne serviront qu'à le faire regarder comme un homme vain, orgueilleux et grossier.

« .... Je conclus de cela, et de beaucoup d'autres raisons encore, qu'une vraie politesse, un ton bienveillant, est la première et la plus importante qualité que doive avoir celui qui se charge de l'éducation d'un enfant de bonne maison. »

Un enfant de bonne maison! Mais nos élèves, messieurs, sont tous des enfants de bonne, d'excellente maison ; car tous viennent de la maison de Dieu, dans la maison de l'humanité !

Il existait autrefois, il y a bien longtemps! un homme, un type ridicule et redouté, qu'on appelait le *maître d'école*.

Cet homme, sur lequel la raillerie a épuisé ses traits, méritait son sort, car il était coupable d'un grand crime : il n'aimait point les enfants !

Oh! plaignons-le, car vivant au milieu d'eux sans les aimer, sans en être aimé, il devait être le plus malheureux des hommes !

Dans tous les portraits qu'on faisait de lui trois signes le caractérisaient, et dans ces trois signes je ne puis m'empêcher de voir des symboles : sur son nez de larges lunettes, comme pour indiquer qu'il ne lisait que dans des livres ; de chaque côté de sa tête de longues oreilles, comme pour indiquer que la froide science des livres l'avait rendu plus ignorant; dans sa main, ou à sa ceinture, un fouet aux rudes lanières, comme pour indiquer que son ignorance acquise l'avait rendu méchant.

Cet homme est mort, et bien mort ! Dieu ait pitié de son âme !

Aujourd'hui il y a des instituteurs, vous, moi, chefs de famille, aimant nos enfants, aimés d'eux, et considérés par tous les gens sensés comme nous méritons de l'être.

Aujourd'hui, si un artiste, un écrivain attardé, essayait d'appliquer à l'instituteur les sarcasmes mérités par l'ancien maître d'école, il ne prouverait qu'une chose, c'est que lui aussi, comme ce maître tant raillé ne sait que ce qu'il a lu ; qu'il n'a pas appris à comparer les hommes et les choses de son temps avec les hommes et les choses des autres époques ; et qu'il se fait, comme le vieux pédagogue, le porte-voix du préjugé.

Pourtant, des différences profondes se sont établies depuis quarante ans, et tendent à se prononcer chaque jour davantage, entre les maîtres du passé et ceux du présent.

Le maître d'école d'autrefois était le mercenaire des familles, le grand prêtre de la routine, le tourmenteur juré des petits enfants.

Ses leçons de choses, à lui, il les faisait avec le bâillon, la langue rouge, la robe de pénitence, les baisers à la terre, l'ignoble bonnet d'âne !

Il prétendait, à l'aide de son fouet abominable, asservir ces âmes naïves que Dieu a faites pour les libres et naturelles expansions de leur âge !

Il voulait tenir en arrêt ces jeunes esprits, que Dieu pousse par tous les chemins à la recherche de la vérité !

Il s'applaudissait quand il était parvenu à enfoncer la crainte là où devait être l'affection, et le mépris là où devait être le respect !...

L'instituteur sent qu'il a une autre mission à remplir. Il sait que ces enfants, qui, pour ainsi dire, passent des mains de Dieu dans les siennes, doivent s'y préparer à devenir des hommes honnêtes, laborieux et bons. Et il comprend à quels devoirs une telle mission l'oblige.

Sa religion mieux comprise, les lois de son pays plus libérales et mieux étudiées, les intérêts publics, la marche des idées, tout lui dit qu'il remplit un ministère vraiment noble ! si noble, que de toutes les récompenses auxquelles il puisse aspirer, la meilleure sera toujours la conscience d'avoir dignement rempli sa carrière !

Aujourd'hui, l'instruction populaire élevée à la hauteur d'une nécessité sociale ; et l'instituteur, à la dignité de fonctionnaire public ; l'institutrice mieux traitée par la loi du 10 avril, apportant de plus en plus à la tâche collective de l'éducation, ce que la nature de la femme comporte de plus pénétrant, de plus délicat ; et accélérant d'autant plus le progrès moral qu'elle y fournira un plus large contingent : voilà des lignes de démarcation profondément creusées entre le présent et le passé.

Désormais, instituteurs et institutrices associés comme dans un sauvetage commun, l'esprit ouvert à un sage progrès ; amis de leurs élèves, et leur distribuant chaque jour avec bonté le pain de l'intelligence, ceux-là, dans leur obscur dévouement, sont plus que des maîtres d'école, plus que des mercenaires : ils sont les arbitres de nos destinées sociales, ils sont les collaborateurs de Dieu !

Avant de vous quitter, messieurs, il faut que je vous fasse un aveu :

La première fois que je suis entrée ici, que j'ai vu ce nombreux auditoire d'hommes, moi qui n'ai jamais enseigné qu'à des enfants et à des femmes ; quand je me suis assise à cette place, où tant d'hommes éminents se sont assis, je me suis sentie accablée par le sentiment de ma faiblesse !

Je me suis demandé si les murs de cette antique Sorbonne, habitués à l'éloquence, n'allaient pas s'indigner d'entendre, pour la première fois, la voix d'une femme.

Votre bienveillance soutenue m'a rassurée.

Vous avez écouté moins la voix que la pensée. Les convictions de ma conscience ont été entendues de la vôtre. Vous avez fait comme ceux qui boivent le vin sans s'inquiéter du vase.

C'est un souvenir qui ne s'effacera jamais de ma mémoire ! Merci, messieurs et chers collègues !

Et au Ministre intelligent, qui a compris la portée de la méthode naturelle, et veut la faire pénétrer dans l'enseignement primaire, au Ministre courageux, qui, dans ce but, n'a pas craint d'appeler une institutrice de la plus humble enfance à ce concours fraternel de sympathies et de bonnes volontés, merci ! !

FIN.

PÉDAGOGIE

L'École primaire, essai de Pédagogie élémentaire, par M. Paul Rousselot, inspecteur d'Académie. Nouv. édit., revue et corrigée, 1 vol. in-12, br. **1 25**

Lettres sur la profession d'instituteur, par M. A. Théry, ancien recteur de l'Académie de Caen. Nouv. édit., 1 fort. vol. in-12, br. . **2 »**
Ouvrage couronné par la Société pour l'instruction élémentaire.

Lettres sur la profession d'institutrice, par LE MÊME. 1 vol. in-12, br. **1 50**

Cours théorique et pratique de pédagogie, par M. Michel Charbonneau. Nouv. édit. précédée d'une introduction, par M. J.-J Rapet 1 vol. in-12, br. **2 75**

Histoire universelle de la pédagogie, renfermant les systèmes d'éducation et les méthodes d'enseignement des temps anciens et modernes, les biographies de tous les pédagogues célèbres, la comparaison des pédagogies anglaise, allemande et française, etc., par M. E. Paroz, directeur d'école normale, 1 vol. in-12, br. . . . . **4 »**

Les conférences des instituteurs allemands (21e congrès tenu à Breslau en 1874), par G. Jost, inspecteur de l'enseignement primaire à Paris, officier de l'instruction publique. 1 vol. in-12, br. . . . **1 »**

Études sur la vie et les travaux pédagogiques de J. H. Pestalozzi, par P.-P. Pompée, ancien instituteur, premier directeur de l'école municipale Turgot, fondateur de l'école professionnelle d'Ivry. 1 vol. in-12, br. . . . . **3 »**
Ouvrage couronné par l'Académie des inscriptions et belles-lettres.

Cours éducatif de langue maternelle, par le P. Grégoire Girard, de l'ordre des Cordeliers, ancien préfet de l'école française de Fribourg en Suisse, etc. Volumes in-12, brochés.

1. **Introduction** sous le titre de :
De l'enseignement régulier de la langue maternelle dans les écoles et les familles, 4e édit. **2 25**
Ouvrage qui a obtenu de l'Académie française un prix extraordinaire de 6,000 fr. (le grand prix Montyon).

II. **Cours éducatif** proprement dit :
— 1re PARTIE : 2 volumes, ensemble. **4 50**
  Tome 1er : Syntaxe de la proposition.
  Tome 2e : Conjugaison par proposition et vocabulaire.
— 2e PARTIE : 2 volumes, ensemble. **4 50**
  Tome 1er : Syntaxe de la phrase à deux propositions.
  Tome 2e : Conjugaison par phrases et vocabulaire.
— 3e PARTIE : 2 volumes ensemble. **4 50**
  Tome 1er : Syntaxe de la période.
  Tome 2e : Esquisses de compositions (lettres familières, narrations, descriptions, dialogues, discours), vocabulaire du langage figuré et éléments de mythologie.

Manuels à l'usage des élèves qui suivent le cours éducatif de la langue maternelle, rédigés sous les auspices et avec les conseils du P. Grégoire Girard. 3 vol. in-12, cart.
— 1re PARTIE : *Syntaxe de la proposition, — conjugaison par propositions, — vocabulaire*. Nouv. édit., cart. **1 50**
— 2e PARTIE : *Syntaxe de la phrase à deux propositions, — conjugaisons par phrases*. **1 50**
— 3e PARTIE : *Syntaxe de phrases à plus de deux propositions*. **1 50**

Discours (Deux), sur la nécessité de cultiver l'intelligence des enfants, par le P. G. Girard. In-12 . . . . **» 30**

Recueil alphabétique de citations morales des meilleurs écrivains, ou *Encyclopédie morale*, par M. E. Lorbens. 1 très fort vol. in-8° jésus, à deux colonnes, contenant la matière de huit volumes in-8° ordinaires. Prix, br. . . . . **6 »**

MOBILIER SCOLAIRE

DÉPOSÉ

Ce modèle est, suivant les besoins, construit en chêne ou en sapin : dans ce dernier cas, les parties qui supportent le roulement et les assemblages principaux sont toujours en chêne.

Le siège contient deux places et, avec son pupître, comprend trois dimensions différentes qui correspondent aux différentes tailles d'élèves de 8 à 14 (âge scolaire).

Le n° 1 est destiné aux enfants de 8 à 10 ans.
  —   2   —   —   de 10 à 12 —
  —   3   —   —   de 12 à 14 —

Les prix pour chacun de ces trois modèles sont les suivants :

En sapin : la place. . . . . . : 16 fr. 50 c.
En chêne : la place. 27   »

Ces chiffres ne comprennent pas l'emballage et la remise en gare à Paris : les frais de transport de Paris à destination sont à la charge de l'acheteur.

LE DESSIN
A L'ÉCOLE PRIMAIRE

PAR

CLAUDE SAUVAGEOT

MEMBRE DE LA SOCIÉTÉ CONSULTATIVE DE L'UNION CENTRALE DES BEAUX-ARTS
APPLIQUÉS A L'INDUSTRIE

1ʳᵉ SÉRIE. — Collection de 10 cahiers contenant 550 figures servant de modèles, des instructions générales et particulières pour les dessiner et des parties blanches réservées aux exercices.

    Prix de chaque cahier. . . . . » 25
    Le cent. . . . . 20 »

Nécessaire de dessin en mouton chagriné, contenant compas, porte-crayon et allonge, gomme à effacer, 2 équerres, un taille crayon, une allonge (1.25), un double décimètre 2 crayons. Prix . . **6 50**

IIᵉ SÉRIE. — Atlas de 58 planches tirées à part, dont un grand nombre en chromolithographie, et précédées d'un texte avec figures intercalées.

Cet atlas est ainsi divisé : Planches 1 à 10. Exercices divers, figures géométriques. — Pl. 11 à 14 : Charpente et serrurerie. — Pl. 15 à 27 : Études de la vis. Pl. 28 à 43 : Études de plantes, feuilles et fleurs d'après nature. — Pl. 44 à 49 : Reproduction de quelques-uns des modèles en relief. — Pl. 50 à 52 : Papillons, insectes et coquillages. — Pl. 53 à 58 : Relevé géométral d'une maison.

    Prix de l'atlas renfermé dans un carton. . **10 »**

IIIᵉ SÉRIE. — Musée-Recueil de modèles exécutés : 1° d'après les formules géométriques; 2° d'après les types originaux choisis dans l'antiquité, le moyen âge, la Renaissance et les XVIIᵉ et XVIIIᵉ siècles: par M. LÉON CHÉDEVILLE, sculpteur, sous la direction de MM. CLAUDE SAUVAGEOT, AUGUSTE RACINET et A.-J. LOUVRIER DE LAJOLAIS, membres de l'Union centrale des Beaux-Arts appliqués à l'industrie. 86 *modèles solides en plâtre.*

    Prix de la collection complète. . . . . 150 »
    La collection élémentaire seule, composée de 57 modèles. 50 »
    La collection complète, moins la collection élémentaire. 100 »
    Emballage de la collection complète. . . . . . 20 »
    —   —   élémentaire. . . . . . 8 »

Cette collection a obtenu à l'Exposition de l'Union Centrale un diplôme d'honneur spécial délivré par le Jury des Écoles, sous la présidence de M. Guillaume, directeur général des Beaux-Arts.

2595. Tours. — Imp. Rouillé-Ladevèze, rue Claude 6.

9 782016 113240